Wilfried Krenn
Herbert Puchta

Ideen

Deutsch als Fremdsprache
Arbeitsbuch

Hueber Verlag

Produktion der Audio-CD: Tonstudio Langer, Ismaning
Sprecherinnen und Sprecher: Lena Drotleff, Crock Krumbiegel,
Max Steiner, Bettina von Websky, Jakob Weers, Jana Weers u.a.

Gesamtlaufzeit: 92 Minuten

6. 5. 4. | Die letzten Ziffern
2020 19 18 17 16 | bezeichnen Zahl und Jahr des Druckes.
Alle Drucke dieser Auflage können, da unverändert,
nebeneinander benutzt werden.
1. Auflage
© 2010 Hueber Verlag GmbH & Co. KG, 85737 Ismaning, Deutschland
Verlagsredaktion: Elisabeth Graf-Riemann, Marktschellenberg;
                    Gisela Wahl, Hueber Verlag, Ismaning
Umschlaggestaltung: Martin Lange Design, Karlsfeld
Titelfoto: © Hueber Verlag/Alexander Keller
Satz, Layout, Grafik: Martin Lange Design, Karlsfeld
Herstellung: Astrid Hansen, Hueber Verlag, Ismaning
Zeichnungen: © Hueber Verlag/Beate Fahrnländer
Druck und Bindung: Firmengruppe APPL, aprinta druck GmbH, Wemding
Printed in Germany
ISBN 978-3-19-011824-3
ISBN 978-3-19 101824-5 (mit CD-ROM)

Art. 530_02165_001_06

Inhalt

Wie waren deine Ferien?   8

Modul 4

Lektion **13**	9
Das muss ich haben!	

A	Text	9
B	Wortschatz	9
C	Grammatik	11
D	Hören: Alltagssprache	14
E	Grammatik	15
	Aussprache	17
	Finale: Fertigkeitentraining	18
	Lernwortschatz	20
	Das kann ich jetzt …	21

Lektion **14**	22
Einmal um die Welt …	

A	Text	22
B	Wortschatz	22
	Aussprache	24
C	Grammatik	24
D	Hören: Alltagssprache	28
E	Grammatik	29
	Finale: Fertigkeitentraining	32
	Lernwortschatz	34
	Das kann ich jetzt …	35

Lektion **15**	36
Kennst du ihn?	

A	Text	36
B	Wortschatz	36
C	Grammatik	39
D	Hören: Alltagssprache	41
E	Grammatik	42
	Aussprache	45
	Finale: Fertigkeitentraining	46
	Lernwortschatz	48
	Das kann ich jetzt …	49

Lektion **16**	50
Was für eine Idee!	

A	Text	50
B	Wortschatz	50
C	Grammatik	52
D	Hören: Alltagssprache	53
E	Grammatik	55
	Aussprache	58
	Finale: Fertigkeitentraining	59
	Lernwortschatz	62
	Das kann ich jetzt …	63

Test: Modul 4	64

Modul 5

Lektion 17   66
Wenn ich das schaffe, ...

(A) Text   66

(B) Wortschatz und Grammatik   66

Aussprache   70

(C) Wortschatz   71

(D) Hören: Alltagssprache   72

(E) Grammatik   73

Finale: Fertigkeitentraining   75

Lernwortschatz   78

Das kann ich jetzt ...   79

Lektion 18   80
Damals durfte man das nicht ...

(A) Text   80

(B) Wortschatz   80

(C) Grammatik   82

Aussprache   85

(D) Hören: Alltagssprache   86

(E) Grammatik   87

Finale: Fertigkeitentraining   90

Lernwortschatz   92

Das kann ich jetzt ...   93

Lektion 19   94
**Mein Vorbild, mein Idol,
meine Heldin, mein Held**

(A) Text   94

(B) Wortschatz   94

Aussprache   97

(C) Grammatik   97

(D) Hören: Alltagssprache   99

(E) Grammatik   100

Finale: Fertigkeitentraining   102

Lernwortschatz   104

Das kann ich jetzt ...   105

Lektion 20   106
Lasst mich doch erwachsen werden!

(A) Text   106

(B) Wortschatz und Grammatik   106

(C) Grammatik   109

Aussprache   112

(D) Hören: Alltagssprache   113

(E) Grammatik   114

Finale: Fertigkeitentraining   116

Lernwortschatz   118

Das kann ich jetzt ...   119

Test: Modul 5   120

Modul 6

Lektion 21   122
Ein toller Film!

A Text   122

B Wortschatz   122

C Grammatik   124

Aussprache   128

D Hören: Alltagssprache   128

E Grammatik   129

Finale: Fertigkeitentraining   132

Lernwortschatz   134

Das kann ich jetzt ...   135

Lektion 22   136
Intelligenz und Gedächtnis

A Text   136

B Grammatik   136

Aussprache   139

C Wortschatz   140

D Hören: Alltagssprache   141

E Grammatik   142

Finale: Fertigkeitentraining   144

Lernwortschatz   146

Das kann ich jetzt ...   147

Lektion 23   148
Weißt du, wer das erfunden hat?

A Text   148

B Grammatik   148

C Wortschatz   153

D Hören: Alltagssprache   154

E Grammatik   155

Aussprache   156

Finale: Fertigkeitentraining   157

Lernwortschatz   160

Das kann ich jetzt ...   161

Lektion 24   162
Wo ist Atlantis?
Wer oder was war El Dorado?

A Text   162

B Wortschatz   162

C Grammatik   165

D Hören: Alltagssprache   167

E Grammatik   167

Aussprache   170

Finale: Fertigkeitentraining   171

Lernwortschatz   174

Das kann ich jetzt ...   175

Test: Modul 6   176

Lösungsschlüssel zu den Modul-Tests   178

Quellenverzeichnis   178

A1	Nach dieser Aufgabe im Kursbuch kannst du die Übung lösen.
→ KB S. 12	Beim Lösen dieser Übungen hilft dir der Text auf der angegebenen Kursbuchseite weiter.
🔊 ① 3	Hörtext auf der CD zum Arbeitsbuch
	Hier geht es um die Lesetexte aus den Kursbuch-Lektionen.
	Übungen zum Wortschatz der Kursbuch-Lektionen
	Übungen zur Grammatik
	Hier kannst du die alltagssprachlichen Wendungen der Kursbuch-Hörtexte üben.
	Diese Übungen helfen dir, die deutsche Aussprache zu trainieren.
	zusätzliches Fertigkeitentraining zu Hören, Lesen und Schreiben
	Hier kannst du die wichtigen Wörter der Lektion üben und in deine Muttersprache übersetzen.
	Diese Übungen wiederholen den Stoff aus *Ideen 1*. In der Grammatikübersicht im Kursbuch 2 findest du eine Übersicht zu diesem Thema.
Lerntipp	Hier findest du nützliche Hinweise zum Selbstlernen.
	Lernstrategie-Tipps für die Fertigkeiten Hören, Lesen und Schreiben

Wie waren deine Ferien?

1 Was haben die Jugendlichen gemeinsam? Schreib Sätze mit den Informationen aus der Tabelle.

	Erik	Pablo	Lucia	Frida
Heimatland	Schweden	Spanien	Spanien	Schweden
Alter	17	16	15	16
Geschwister	zwei Schwestern	ein Bruder	zwei Schwestern	zwei Brüder
Wohnen	Wohnung	Haus	Wohnung	Haus mit Garten
Lieblingsspeise	Pizza	Paella	Pizza	Fisch
Hobbys	Fernsehen, Kino	Fußball, Schach	Reiten, Fußball, Fernsehen	Pferde, Basketball
Fremdsprachen	Englisch	Englisch	Englisch, Französisch	Englisch

... kommen aus ...   ... sind Mädchen ...   ... sind ... Jahre alt. / ... ist ... Jahre alt.

... haben ... Geschwister. / ... hat ...   ... wohnen in ...   ... gern ...

mögen ... / ... mag ...   ... sprechen ... / ... spricht ...

Erik und Frida kommen aus Schweden, Pablo und Lucia _____.

Lucia und Frida sind Mädchen, Pablo und Erik sind _____.

2 Schreib über dich. Finde Gemeinsamkeiten mit den Jugendlichen in 1.

Ich komme aus ... Ich bin ... Jahre alt, so wie ...

3 Gemeinsamkeiten. Ergänze die Dialoge.

a Maria: Es ist *Viertel nach fünf.* Jetzt _____

meine Lieblingssendung _____.

Tom: Meinst du „Friends"? Das sehe ich auch gern.

b Julian: Kannst du _____?

Stefan: Nein.

Julian: Ich auch nicht.

c Carina: Wann hast du Geburtstag?

Connie: _____.

Carina: Wirklich? Meine Schwester auch.

d Julia: Hast du die _____?

Eva: Ja, aber die vierte Rechnung verstehe ich nicht.

Julia: Ich auch nicht.

e Lisa: Mir geht es nicht so gut. Ich habe immer noch _____. Und dir?

Veronika: Mir geht es besser. Ich habe ein _____ genommen.

f Frau Bäcker: Entschuldigen Sie, wie komme ich _____?

Herr Kastner: _____ und dann links. Ich muss auch zum Postamt.

_____ Sie einfach _____.

- ○ Kopfschmerzen
- ○ geradeaus
- ○ kommen ... mit
- ○ ~~Viertel nach fünf~~
- ○ Gitarre spielen
- ○ Mathehausaufgabe gemacht
- ○ am zehnten Vierten
- ○ Medikament
- ○ zum Postamt
- ○ fängt ... an

4 Was haben die Personen in 3 gemeinsam? Schreib Sätze.

Maria und Tom sehen gern ...

A Text

A2 **1** Was weißt du noch? Lies den Text und ergänze die Wörter. → KB S.11

> ☒ gegen ☒ Babysitten ☒ nicht schlecht ☒ Direktor ☒
> ☒ Markenkleidung ☒ anziehen ☒ Schuluniformen ☒
> ☒ Sonderangebot ☒ teurer ☒ so wichtig ☒ ein Problem ☒

Markenwahn

Karin verdient Geld mit a _Babysitten_ . Mit dem Geld kauft sie b _Markenkleidung_ . Die Markenkleidung

ist c _teurer_ , deshalb wollen ihre Eltern nur Kleidung im d _Sonderangebot_ kaufen. Dr. Müller

ist e _Direktor_ an Karins Schule. Er meint, der Markenwahn in der Schule ist f _ein Problem_ .

Er möchte für alle Schüler bis 15 Jahre g _Schuluniform_ haben. Manuel ist h _gegen_

Schuluniformen. Er will i _anziehen_ , was er will. Melanie und Alex finden Schuluniformen j _nicht_

schlecht . Alex meint, teure Kleidung ist dann nicht mehr k _so wichtig_ in der Klasse.

B Wortschatz

Kleidungsstücke

B1 **2** Schreib die richtigen Namen mit Artikel zu den Kleidungsstücken. Finde auch die zwei Adjektive.

> ☒ clhSa ☒ meHd ☒ oeHs ☒ ocSnke ☒ uScheh ☒ apKpe ☒ dHsahecnuh ☒ tefilSe ☒
> ☒ iKdle ☒ cJaek ☒ kRco ☒ taMnel ☒ luPvlore ☒ luBse ☒ S-Thrit ☒ anJes ☒

die Handschuhe

Schal

Kappe

Hemd

Hose

aekrrit
Kariert

setfgiret
Gestrift
Socken

Jeans

T-Shirt

Jacke

Pluse

Stefel

Kleid

Mantel

Pullover

Schuhe

13

B1 **3** Wie heißt der Plural? Trag die Wörter aus Übung 2 in die Tabelle ein.

→ KB S. 129 **Weißt du's noch?** Singular ●○● und Plural ●

-(e)n	-e/ⁱe	-er/ⁱer	–/ⁱ	-s
	der Handschuh – die Handschuhe			der Schal die Schals

B1 **4** Wie viel kosten die Kleidungsstücke? Hör zu und schreib die Preise. 🔊 **1** 2

...............,............. €

...............,............. €

...............,............. €

...............,............. €

...............,............. €

...............,............. €

...............,............. €

...............,............. €

...............,............. €

B1 **5** Die Kleidungsstücke aus Übung 4 sind heute im Sonderangebot (= minus 50 Prozent).
Wer kauft was und wie viel kosten die Kleidungsstücke heute? Schreib Sätze.

Alles
-50%

→ KB S. 129 **Weißt du's noch?** Artikelwörter und Pronomen

a (Anne – Kleid)   *Anne kauft ein Kleid. Das Kleid kostet 38 €, heute kostet es aber nur 19 €.*

b (Julian – Kappe) ....

c (Carina – Rock) ....

d (Yvonne – Handschuhe) ....

e (Thomas – Mantel) ....

f (Markus – T-Shirt) ....

B1 **6** Schuluniformen. Ergänze die Dialoge mit den Verben *tragen* und *aussehen*.

> **Lerntipp – Wortschatz**
> Einige wichtige Verben wechseln im Präsens Singular den Vokal.
> Notiere den Vokalwechsel so in deinem Wortschatzheft:
> tragen (a/ä)   essen (e/i)   sehen (e/ie)   laufen (au/äu)
>
> Notiere den Vokalwechsel bei den folgenden Verben aus *Ideen 1:*
> fahren   laufen   sehen   aussehen   essen   helfen   sprechen
>   ä   äu   ie   ie   i   i
>
> schlafen   raten   nehmen   werden   anfangen   geben   gefallen
>   ...   .

a In England _trägt_ fast alle Schüler Schuluniformen.

b Die Sportschuhe kann ich sicher nicht zu meiner Schuluniform _tragen_.
   Das _sieht_ komisch _aus_.

c ☉ _Trägst_ du deine Schuluniform gern?
   ◆ Ja, ich finde, sie _sehen_ auch ganz gut _aus_.

d ☉ _tragen_ ihr in eurer Schule auch Schuluniformen?
   ◆ Ja, aber sie gefallen mir nicht, alle Schüler _sehen_ jetzt gleich _aus_.

e ☉ Warum _trägt_ Julian seine Schuluniform nicht?
   ◆ Er denkt, er _sieht_ schrecklich _aus_.

f Ich möchte nicht wie alle anderen _aussehen_. Ich _trage_ sicher keine Uniform.

Tom, 17

Kevin, 16

C Grammatik

Komparativ

C1 **7** Schau die Bilder an und lies die Fragen.
Schreib dann Sätze und vergleiche die Jugendlichen.

a Welcher Junge ist größer? Tom ist größer als Kevin.
b Welcher Junge ist jünger? Kevin ist jünger als Tom
c Welcher Junge ist dicker? Kevin ist dicker als Tom
d Welcher Junge ist sympathischer?
e Welche Hose ist länger? Toms Hose ist länger als Tom
f Welches T-Shirt ist dunkler? Kevins T-Shirt ist dunkler als Tom
g Welche Kappe ist cooler? Kevins Kappe ist cooler als Tom
h Welche Socken sind wärmer? Kevins Socken sind wärmer als Tom
i Welche Uhr ist schöner? Toms Uhr ist schöner als Kevin

13

C1 (8) Ergänze die Tabelle.

	langsam	laut	schwierig	hässlich	alt
Komparativ					*älter*

	kurz	gut	viel	gern
Komparativ				

C1 (9) Ergänze die Sätze mit den Adjektiven aus Übung 8.

a Mein Handy ist *älter* als Kevins Handy. Ich habe es schon ein Jahr, er hat sein Handy erst fünf Monate.

b Die neue Lampe gefällt mir überhaupt nicht. Sie ist *hässlicher* als die alte Lampe.

c Ich bin nicht gut in Mathematik. Ich finde Mathe *schwieriger* als Deutsch.

d Im Winter sind die Tage in Deutschland *kürzer* als die Nächte.

e Ich sehe ganz gern Fußball im Fernsehen. Mein Bruder sieht Fußball aber noch *lieber* als ich.

f Mit dem Bus brauche ich zwanzig Minuten zur Schule, mit dem Fahrrad nur fünfzehn Minuten. Mit dem Bus bin ich also *langsamer* als mit dem Fahrrad.

g Mein Bruder spielt ganz gut Tennis, aber meine Schwester spielt noch *besser* als er.

h In unserer Klasse sind 35 Schüler, da ist es *lauter* als in der B-Klasse. Dort sind nur 22 Schüler.

i Kannst du heute einkaufen gehen? Du hast *mehr* Zeit als ich.

C1 (10) Finde die Gegenteile zu den Adjektiven und schreib den Komparativ.

a langsam – llənhɔs – *schneller*

b kurz – gnɒl –

c laut – əsiəl –

d schwierig – hɔɒłniə –

e hässlich – nöhɔs –

f alt – nəu –

g gut – thɔɔlhɔs –

h viel – giuəw –

i langweilig – tuɒssərətui –

j reich – mɹɒ –

k intelligent – mmub –

l gesund – kuɒʞ –

m traurig – gitsul –

n warm – tlɒʞ –

C3 (11) ... als ... oder so ... wie ...? Schreib Sätze.

a Peter 17 Jahre | Lukas 17 Jahre *Peter ist so alt wie Lukas.*

b heute 12 Grad | gestern 5 Grad

c Porsche 240 km/h | VW Golf 160 km/h

d Oktober 31 Tage | März 31 Tage

e Julian 385 Briefmarken | Peter 795 Briefmarken

f Miriam 165 cm | Sonja 165 cm

g Thomas: Mathematik Note 1 | Englisch Note 3

C3 **(12)** Lies die Anzeigen und vergleiche die Einkaufszentren. Schreib Sätze.

⊗ viele Geschäfte ⊗ lange offen ⊗ groß ⊗ alt ⊗ wenige Restaurants ⊗ schön ⊗ interessant ⊗ billig ⊗

Neueröffnung
Einkaufszentrum
Messepark

26 Geschäfte
Restaurants und Bars
Kino
Öffnungszeiten:
Mo - Sa 9 - 21 Uhr

Einkaufszentrum
Arkade

im wunderschönen
Stadtzentrum
von Altbach
8 Geschäfte
ein Restaurant   Feiern Sie mit!
Mo - Fr 9 - 19 Uhr   30 Jahre EZ Arkade
Sa 9 - 13 Uhr   viele Jubiläumsangebote

Das EZ Messepark hat mehr Geschäfte als das EZ Arkade.

....

....

....

....

D1 **(13)** Vergleiche. Schreib wahre persönliche Sätze.

a ich – mein Freund

Ich bin ein Jahr älter als mein Freund Lukas.

b meine Heimatstadt – eine andere Stadt (z. B. Rom)

....

c Geschichte – Deutsch

....

d meine Lieblingsserie – Nachrichtensendungen

....

e meine Lieblingsmusik – andere Musik (z. B. Popmusik)

....

f Wochentage – das Wochenende

....

g mein Lieblingsfilm – ein anderer Film (z. B. Slumdog Millionaire)

....

D Hören: Alltagssprache

D1 (14) **Was weißt du noch? Ordne zu und schreib Sätze.** → KB S.15

Karin und Martin sind ...	... nicht mehr *minmketom*.
Sie sind schon ...	... Pullover, Hemden und *soeHn*.
Martin probiert ...	... in einem *Kleiderhgäfecst*.
Die Modefarben ...	... *gafeelln* Martin nicht.
Deshalb ...	... sehr *naleg* dort.
Martin möchte ...	... kauft er *nshcit*.
Doch Karin möchte ...	... auch noch *cuSheh* probieren.

a Karin und Martin sind in einem Kleiderhgäfecst

b Sie sind schon sehr lange dort

c Martin probiert Pulloer, Hemden und Hosen

d Die Modefarben gefallen Martin nicht

e Deshalb kauft er nichts

f Martin möchte auch noch Schuhe probien

g Doch Karin möchte nicht mehr mitkommen

D1 (15) **Was passt? Ordne zu und ergänze dann den Dialog.**

auf ...	... nichts machen
da kann man ...	... meinem Tisch
vielleicht ...	.. das nächste Mal
sie passt zu ...	... keinen Fall
die ist ...	... in Rot
gibt es sie auch ...	... zu groß

Silvia: Das ist schon das dritte Möbelgeschäft, Anja. Kauf doch endlich etwas. Schau, wie gefällt dir die Lampe hier?

Anja: Nein, die passt *auf keinen Fall,* **a** _____. Aber ich glaube, die Lampe hier geht vielleicht. Was meinst du? Ich denke, **b** _____.

Silvia: Ja, nimm sie doch.

Anja: Aber Schwarz gefällt mir nicht. ... Vielleicht **c** _____?

Silvia: Nein, die Lampe gibt es nur in Weiß und Schwarz. Schau, da steht es.

Anja: Schade, aber **d** _____. Wir müssen in ein anderes Möbelgeschäft gehen. Komm, Silvia.

Silvia: Tut mir leid, Anja. Heute nicht mehr, **e** _____.

D1 **(16)** Ergänze die Dialoge mit *zu* + Adjektiv.

a ☉ Morgen hat mein Großvater seinen 80. Geburtstag. Ich gehe mit ihm in die Disco.

  ◆ Das kannst du nicht machen, er ist *zu alt*.

b ☉ Ich fahre am Wochenende Ski und mache Wintercamping mit meinem Zelt.

  ◆ Du machst Spaß. Es ist doch ....

c ☉ Ich probiere einmal das Kinderfahrrad von meinem Bruder.

  ◆ Nein, mach das nicht, es ist ....

d ☉ Ich bin sicher, ich kann in zwei Monaten Russisch lernen.

  ◆ Das geht bestimmt nicht, das ist ....

e ☉ Mein Onkel möchte nächste Woche an einem Tag mit dem Auto von Wien nach London fahren.

  ◆ Das geht doch nicht, das ist ....

f ☉ Morgen gehe ich mit meiner kleinen Schwester ins Kino. Wir sehen einen Dracula-Film.

  ◆ Das geht doch nicht, sie ist ....

g ☉ Schau dir diesen Mathematiktest an. Eine Aufgabe ist $2 + 3 = x$.

  ◆ Das glaube ich nicht, das ist ....

h ☉ Schau, die Schuhe möchte ich haben. Sie kosten 150 €.

  ◆ Kauf die Schuhe nicht. Sie sind ....

❖ ~~alt~~
❖ schwierig
❖ kalt
❖ weit
❖ klein
❖ jung
❖ einfach
❖ teuer

E **Grammatik**

Konjunktiv II (*würde, könnte*)

E1 **(17)** Was passt? Ordne zu und schreib dann höfliche Fragen in der Ich-Form.

❖ eine Nummer größer haben ❖ einen neuen Schreibtisch bekommen ❖ deine Hausaufgabe sehen ❖
❖ später bezahlen ❖ in die Disco mitgehen ❖ ~~mehr Pommes frites haben~~ ❖ mit euch im Auto mitfahren ❖
❖ meine CD auf deinem CD-Player spielen ❖ bei euch im Team mitspielen ❖

a Du bist noch hungrig.   *Könnte ich mehr Pommes frites haben?*

b Das T-Shirt ist zu klein.   ....

c Du hast kein Geld.   ....

d Du möchtest nicht zu Fuß gehen.   ....

e Du willst Musik hören.   ....

f Du hast die Hausaufgabe nicht verstanden.   ....

g Du willst am Wochenende tanzen gehen.   ....

h Du willst auch Basketball spielen.   ....

i Dein Zimmer gefällt dir nicht mehr.   ....

E1 (18) **Welche Sätze passen zu welchem Bild? Ordne zu.**

> ✪ ~~Komm doch mit!~~ ✪ Erzählt doch mal! ✪ Fragen Sie doch den Direktor! ✪
> ✪ Lach doch mal! ✪ Kommt doch mit! ✪ Trink doch deine Cola! ✪
> ✪ Kommen Sie doch mit! ✪ Steigen Sie hier aus! ✪ Antwortet bitte schnell! ✪

↻ **Weißt du's noch?**
→ KB S. 128 Imperativ

du   ihr   Sie   Sie

Komm doch mit!

....

....

E1 (19) **Wer möchte was? Hör die Dialoge, ordne die Sätze den Situationen zu und schreib die Imperative.** 🔊 **1** 3

> ✪ ~~den Kopfhörer geben (du)~~ ✪ Popcorn mitbringen (du) ✪ den Weg zeigen (Sie) ✪ zuhören (ihr) ✪
> ✪ die Aufgabe noch einmal erklären (Sie) ✪ Fotos zeigen (du) ✪ mitspielen (ihr) ✪

Situation 1:   _Gib mir den Kopfhörer._

Situation 2:   ....

Situation 3:   ....

Situation 4:   ....

Situation 5:   ....

Situation 6:   ....

Situation 7:   ....

E1 (20) **Schreib die Imperative aus Übung 19 höflicher.**

> ✪ ~~Könntest du~~ ✪ Würdest du ✪ Könnten Sie ✪ Würden Sie ✪ Könntet ihr ✪ Würdet ihr ✪ Könntest du ✪

a _Könntest du mir den Kopfhörer geben?_

b ....

c ....

d ....

e ....

f ....

g ....

Aussprache

21 Wo hörst du *ü*? Im ersten oder im zweiten Wort? Kreuze an. 🔊 **1** 4

	a	b	c	d	e	f	g
Wort 1	☐	☐	☐	☐	☐	☐	☐
Wort 2	☐	☐	☐	☐	☐	☐	☐

22 Hör zu und sprich nach. 🔊 **1** 5

a würde – wird   vierzig – fünfzig   Tür – Tier   Brille – Brücke   vier – für   üben – lieben   Gefühl – viel

b Yvonne übt.
Yvonne übt mit mir.
Würdest du mit mir üben, Yvonne?

c fünfzig Brillen
für vier Euro
Würdet ihr für vier Euro die fünfzig Brillen über die Brücke bringen?

23 Wo hörst du *ö*? Im ersten oder im zweiten Wort? Kreuze an. 🔊 **1** 6

	a	b	c	d	e	f	g	h
Wort 1	☐	☐	☐	☐	☐	☐	☐	☐
Wort 2	☐	☐	☐	☐	☐	☐	☐	☐

24 Hör zu und sprich nach. 🔊 **1** 7

a können – kennen   böser – besser
höflich – hässlich   schön – gehen
lesen – lösen   Wörter – Wetter
könnt – kennt   sehen – hören

b Könntest du Erich einladen? Du kennst ihn besser als ich.
Könnten Sie bitte lauter sprechen? Wir können nichts hören.
Könntet ihr bitte zuhören? Lest den Text und löst dann die Aufgabe.
Könntest du mir fünf „Wetter-Wörter" nennen?

Finale: Fertigkeitentraining

25 Lies den Text und finde die Antworten auf die Fragen.

Was macht ihr mit eurem Taschengeld?

Ich bekomme jede Woche vier Euro. Mit dem Geld kaufe ich meistens Eis, Bonbons und Süßigkeiten. Kleider muss ich nicht kaufen, aber ich muss meine Handyrechnung selbst bezahlen. Im Mai war sie nicht so hoch. Aber ich bin sicher, in diesem Monat ist sie höher. Da bleibt vom Taschengeld nicht viel. Ich darf nicht mehr so viel telefonieren.
Alina, 13

Ich möchte einen Computer kaufen. Deshalb bringe ich mein Taschengeld jeden Monat zur Bank. Ich bekomme 20 Euro im Monat. Manchmal gehe ich mit Freunden ins Kino. Meine Schulsachen, die Handyrechnung und die Kleider bezahlen meine Eltern. So ein Computer ist natürlich teuer. Deshalb arbeite ich manchmal für meinen Onkel. Ich mache Gartenarbeit. Da verdiene ich ein bisschen Geld. Aber ich glaube, ich muss noch sehr oft für ihn arbeiten. Viel Geld habe ich noch nicht auf der Bank.
Stefan, 15

Ich bekomme jeden Monat 15 € Taschengeld. Ich bekomme das Geld immer am Ersten, am Zehnten ist es dann meistens schon wieder weg. Ein- oder zweimal gehe ich einkaufen und ins Kino – schon habe ich kein Geld mehr. Ich möchte so gern älter sein, dann bekomme ich auch mehr Taschengeld, so wie mein Bruder. Er ist nur zwei Jahre älter, aber er bekommt 40 Euro im Monat. Meine Eltern meinen: Er hat ein Motorrad, da braucht er mehr Taschengeld. Ich finde, er kann ja auch mit dem Fahrrad fahren, so wie ich.
Bianca, 14

	Wie viel Taschengeld pro Monat bekommen die Jugendlichen?	Was machen sie mit dem Geld?
Alina		
Stefan		
Bianca		

26 Richtig oder falsch? Korrigiere die falschen Sätze.

		richtig	falsch
a	Stefan bekommt ~~weniger~~ *mehr* Taschengeld als Alina.	☐	☒
b	Alina bekommt mehr Taschengeld als Bianca.	☐	☐
c	Stefan und Alina müssen ihre Handyrechnung selbst bezahlen.	☐	☐
d	Alina hat im Mai weniger telefoniert als in diesem Monat.	☐	☐
e	Stefan hat genug Geld für einen Computer.	☐	☐
f	Bianca bekommt so viel Taschengeld wie ihr Bruder.	☐	☐
g	Biancas Bruder ist jünger als Bianca.	☐	☐
h	Bianca möchte gerne älter sein.	☐	☐

27 Frau Dr. Liebig ist Psychologin am Institut für Jugendforschung. Hör das Radiointerview mit ihr zum Thema Taschengeld. Schreib die Fragen an sie auf und ergänze die Antworten.

Strategie – Vor dem Hören

Die Sprecher in einem Hörtext sprechen manchmal sehr schnell.
Vielleicht verstehst du manche Wörter beim Hören nicht. Das ist aber kein
Problem. Hör einfach weiter zu. Du musst nicht alle Wörter verstehen.

Zum Beispiel:

Du hörst die ━━━━━ -Wörter nicht, du kannst aber sicher die zwei Fragen beantworten:
1. Wer spricht wo? 2. Was ist das Thema?

„Hallo und guten Tag bei ━━━━━ , unserem Radio ━━━━━ für junge Hörer. ━━━━━
━━━━━ sprechen wir heute mit Frau Dr. ━━━━━ über das Thema Taschengeld."

---

a Taschengeld – Jugendliche in Deutschland – Bekommen – zu viel – ? *Bekommen Jugendliche in*
Deutschland zu viel Taschengeld? Nein, aber ....

b bekommen – Wie viel Taschengeld – Jugendliche in Deutschland – ? ....

....

c gibt es – zwischen Jungen und Mädchen – Welche Unterschiede – ? ....

....

d bekommen – Jugendliche – Warum – Taschengeld – ? ....

....

e kaufen – von ihrem Taschengeld – Was – Jugendliche – ? ....

....

f Jugendliche – auch Kleider und Schulsachen – Müssen – kaufen – von ihrem Taschengeld – ? ....

....

---

28 Lies zuerst die Anzeigen in Übung 12 noch einmal. Lies dann Sabrinas E-Mail und schreib eine kurze Antwort.

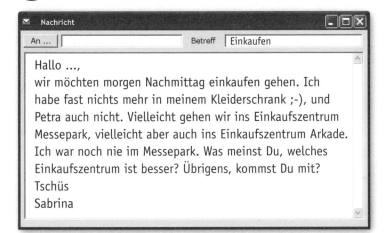

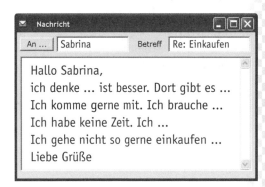

Lernwortschatz

Nomen

Taschengeld, das (Sg.) ....

Schuh, der, -e ....

Amt, das, ¨er ....

Hose, die, -n ....

Hemd, das, -en ....

Paar, das, -e ....

Modefarbe, die, -n ....

Verkäufer, der, – ....

Verkäuferin, die, -nen ....

Größe, die, -n ....

Firma, die, Firmen ....

Arbeiter, der, – ....

Arbeiterin, die, -nen ....

Teil, der, -e ....

Maschine, die, -n ....

Rest, der, -e

Verben

dagegen sein ....

tragen ....

fehlen ....

passen zu ....

probieren ....

passen ....

anmachen ....

produzieren ....

verkaufen ....

zurückschicken ....

hoffen ....

Adjektive

elegant ....

praktisch ....

freundlich ....

unfreundlich ....

eng ....

weit ....

höflich ....

andere Wörter

unbedingt ....

ziemlich ....

ein bisschen ....

natürlich ....

Wichtige Wendungen

Kleidung einkaufen

Passt das Kleid?

Haben Sie die Hose ein bisschen kleiner?

Die ist zu groß.

Gibt es sie auch in Rot?

höflich bitten

Könnte ich ... probieren?

Würden Sie mir ... bringen?

Alltagssprache

Das geht.

Ich hoffe, es klappt.

Auf keinen Fall.

Auf jeden Fall.

Da kann man nichts machen.

Das kann ich jetzt ...

	... gut.	... mit Hilfe.	Das übe ich noch.

1 Wörter

Ich kann zu den Themen sechs Wörter nennen:

a Kleidungsstücke: *Hose,*		○	○	○
b Einkaufen: *Taschengeld,*		○	○	○

2 Sprechen

a Über Schulkleidung sprechen: ○   ○   ○

Ich trage gern ... Was ziehst du gern an?
Ich möchte auf keinen Fall Schuluniformen tragen.

b Über Taschengeld und Einkaufsgewohnheiten sprechen: ○   ○   ○

Ich bekomme ... Taschengeld.
Ich verdiene ... Ich kaufe oft ...

c Vergleichen: ○   ○   ○

Mein Bruder ist älter als ich.

d Einkaufen, höfliche Fragen und Bitten: ○   ○   ○

Könnte ich die Hose in Blau haben?
Würden Sie mir die Hose eine Nummer kleiner bringen?

3 Lesen und Hören

Die Texte verstehe ich:

a Markenwahn (→ KB S. 11)	○	○	○
b Modefarben (→ KB S. 15)	○	○	○
c Markenschuhe (→ KB S. 17)	○	○	○

4 Schreiben

Eine E-Mail an eine Internetfirma.	○	○	○

Einmal um die Welt ...

A Text

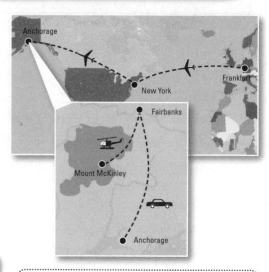

Anchorage
New York
Frankfurt
Fairbanks
Mount McKinley
Anchorage

A2

1 Was weißt du noch? Schreib sechs Sätze. → KB S. 19

1 Frank Baumgartner liegt ...
2 Er möchte mit zwei anderen Bergsteigern ...
3 Die Langeweile ist ...
4 Ein Jahr lang haben sie ...
5 Seine Freunde haben ...
6 Jetzt warten die Bergsteiger ...

... den Mount McKinley besteigen, aber ...
... in seinem Zelt und zählt ...
... Frank sehr oft ...
... am Mount McKinley und können den Berg ...
... furchtbar für ...
... ihre Expedition vorbereitet ...

... nicht verstanden.
... das Wetter ist schlecht.
... die drei Bergsteiger.
... vielleicht überhaupt nicht besteigen.
... und jeden Tag trainiert.
... die Quadrate auf seinem Schlafsack.

B Wortschatz

Wetter

B1

2 Finde die Nomen. Schreib auch die Artikel.

a *die Niederschläge*

b

c

d

e *der Sturm*

f

g

h

e S T U R M
f
c
g
h
d W
c S O N N E
b
b W
I
L
K
a
d
a N I E D E R S C H L Ä G E
e

B1 **(3)** **Beschreibe das Wetter auf den Bildern.**

(a) 13.0 °C (b) 22.0 °C (c) -8.0 °C (d) 30.0 °C (e) 6.0 °C (f) 24.0 °C

❂ Grad ❂ kühl ❂ heiß ❂ kalt ❂ warm ❂ windig ❂
❂ sonnig ❂ nebig ❂ bewolkt ❂ stürmt ❂ schneit ❂ regnet ❂

a Es ist windig und kühl (13 Grad).

b Es ist regnet und warm (22 grad)

c Es ist schneit und kalt (-8 Grad)

d Es ist Some schneit und Heiß (30 Grad)

e Es ist windig und kühl (6 Grad)

f Es ist bewolkt und warm (24 grad)

B2 **(4)** **Hör zu. Wie ist das Wetter? Schreib einen Satz zu jeder Situation.** 🔊 1 9

Situation 1: ....

Situation 2: ....

Situation 3: ....

Situation 4: ....

Situation 5: ....

Situation 6: ....

B2 **(5)** **Beantworte die Fragen. Schreib persönliche Antworten.**

a Wie ist das Wetter heute?

....

b Wie war das Wetter am Wochenende?

....

c Was meinst du? Wie ist das Wetter morgen?

....

d Wie ist das Wetter in deinem Heimatland im Mai?

....

e Wie ist das Wetter in deinem Heimatland im November?

....

Aussprache

6 Hör zu und markiere. Kannst du im Text fünfundzwanzigmal den *ich*-Laut finden? Unterstreiche. 🔊 **1** 10

⊙ Fahren Sie bitte schneller, <u>ich</u> habe wen<u>ig</u> Zeit, <u>ich</u> muss pünktl<u>ich</u> sein.

◆ Das ist nicht möglich, es ist viel zu neblig.

⊙ Ich muss in zwanzig Minuten am Flughafen sein. Das ist wichtig für mich.

◆ Das wird schwierig.

⊙ Bitte fahren Sie nicht so langsam. Vielleicht ist das ja gemütlich, aber ...

◆ Bleiben Sie ruhig. Ihr Flugzeug startet sicher nicht. Es ist zu neblig.

⊙ Aber in dreißig Minuten kann es schon wieder sonnig sein.

◆ Natürlich.

⊙ Dann fahren Sie doch schneller, Sie ...

◆ Bleiben Sie bitte höflich.

⊙ Taxifahrer sind schrecklich.

◆ Wie bitte?

7 Wie schreibt man das? Hör zu und ergänze *-ig* oder *-ich*. 🔊 **1** 11

wind *ig*   lust ___   traur ___   freundl ___   glückl ___   pünktl ___

durst ___   hungr ___   wen ___   led ___   langweil ___   hässl ___

C Grammatik 🧩

Partizip II: trennbare Verben ; Verben mit *ver-, er-, be-, ent-* ; Verben auf *-ieren*

C1 **8** Mach zwei Tabellen. Schreib die Verbformen wie im Beispiel und ergänze dann die Regel.

❂ schreiben ❂ machen ❂ kaufen ❂ zeigen ❂ zählen ❂ warten ❂ finden ❂
❂ suchen ❂ geben ❂ fragen ❂ nehmen ❂ leben ❂ hören ❂ fahren ❂

ge...t	er / sie	er / sie
zeigen	zeigt	hat gezeigt

ge...en	er / sie	er / sie
geben	gibt	hat gegeben

14

Wie heißt die Regel?

> ❷ Einige wichtige Verben
> ❷ Die meisten Verben

.... bilden das Partizip mit *ge...t*.

.... bilden das Partizip mit *ge...en*.

Die *en*-Verben musst du gut lernen.

Weißt du's noch?
→ KB S. 128 Perfekt und Präteritum

C1 **(9)** **Was ist richtig? Streich die falsche Form weg. Ergänze die Regel.**

a Er ~~ist~~ hat in die Stadt gefahren.

b Sie ist | hat viel gearbeitet.

c Er ist | hat zu Hause geblieben.

d Sie ist | ~~hat~~ Hausaufgaben gemacht.

e Er ~~ist~~ hat Volleyball gespielt.

f Er ~~ist~~ hat um acht gekommen.

g Sie ist | ~~hat~~ Wasser getrunken.

h Sie ist | ~~hat~~ Peter angerufen.

i Er ist | ~~hat~~ die Zeitung gelesen.

j Sie ist | hat Obst gekauft.

Wie heißt die Regel?

> ❷ Einige wichtige Verben
> ❷ Die meisten Verben

.... bilden das Perfekt mit *haben*.

.... bilden das Perfekt mit *sein*.

Die Verben mit *sein* musst du gut lernen.

C1 **(10)** **Lies die Sätze und korrigiere die Fehler.**

a Wann ~~hat~~ *ist* Mark gestern nach Hause gekommen?

b Wir haben gestern drei Stunden lang ~~lernen~~ *gelernt*.

c Christian und Julia *ist* am Wochenende nach Frankfurt geflogen.

d ~~Seid~~ *Habt* ihr das Computerspiel schon gespielt?

e Boris hat eine E-Mail ~~schreiben~~ *geschrieben*.

f Wir haben zwei Stunden lang ~~wartet~~ *gewartet*.

C1 **(11)** **Ergänze den Text.**

> ❷ angekommen ❷ sind ... mitgefahren ❷ hat ... abgeholt ❷
> ❷ ist ... abgefahren ❷ haben ... angerufen ❷

✉ Nachricht   ⎯ ☐ ✕

An ... | Max   Betreff | Grüße aus dem Skiurlaub!

Hallo Max,

das Skigebiet hier ist fantastisch und das Wetter ist super! Gestern war es leider nicht so schön. Es war sehr windig

und es hat sehr stark geschneit. Unser Bus .... pünktlich von zu Hause ...., aber

viel zu spät hier .... Deshalb .... uns auch niemand von der Bushaltestelle

.... Wir .... dann im Hotel .... und sie haben ein Schneemobil geschickt.

Mit dem Schneemobil .... wir dann alle .... Sechs Personen auf einem Schneemobil!

Liebe Grüße
Tom

C1 **(12) Oliver braucht länger. Ergänze die Dialoge.**

⊙ Ist Oliver schon aufgestanden?

◆ Nein, er sagt, er **a** _steht_ in einer halben Stunde _auf_.

⊙ Ich rufe ihn an. Hat er sein Handy eingeschaltet?

◆ Nein, am Morgen **b** _____ er sein Handy nie

_____.

⊙ Hat Oliver schon mit dem Frühstück angefangen?

◆ Nein, er **c** _____ gleich mit dem Frühstück

_____.

⊙ Hat Oliver seine Skischuhe schon angezogen?

◆ Nein, er **d** _____ sie gerade _____.

⊙ Hat er sein Lunchpaket abgeholt?

◆ Nein, er **e** _____ es gleich _____.

⊙ Hat er dir das Geld für die Fahrkarten schon zurückgegeben?

◆ Nein, er sagt, er **f** _____ es morgen _____.

⊙ Der Bus fährt gleich ab. Ist Oliver schon eingestiegen?

◆ Nein, aber er **g** _____ gerade _____.

⊙ Na endlich, es wird auch Zeit!

C1 **(13) Schreib das Perfekt.**

anrufen   _hat angerufen_   mitsingen   _____

ankommen   _ist angekommen_   anziehen   _hat angezogen_

einladen   _eingeladen_   zuhören   _____

aufräumen   _____   aufpassen _____

C1 **(14) Ergänze nun die Dialoge mit den Verben aus Übung 13.**

a ⊙ Heute ist es sehr kalt.

◆ Ja, deshalb _habe_ ich auch meinen Mantel und meine Handschuhe _angezogen_.

b ⊙ Was hat sie gesagt?

◆ _habt_ ihr nicht _aufgepasst_? Sie hat gesagt, sie kommt aus Schweden.

c ⊙ _Hast_ du Manuel auch _eingeladen_?

◆ Nein, er mag keine Partys, er kommt sicher nicht.

d ⊙ Dein Zimmer sieht furchtbar aus.

◆ Aber ich _habe_ es erst gestern _aufge…_.

e ⊙ Wo warst du denn? Ich _____ dich dreimal _____.

◆ Tut mir leid, ich war nicht zu Hause.

f ⊙ Ist Melanies Zug schon _angekommen_?

◆ Ja, wir holen sie jetzt vom Bahnhof ab.

g ⊙ _____ Benjamin auch _____?

◆ Nein, Benjamin kann nicht singen.

h ⊙ Toooor! ... Oje, die Blumen.

◆ Meine schönen Blumen! Warum _____ ihr nicht _____?

C1 **15** Ordne die Verben. Schreib das Partizip in die Tabelle.

☀ probieren ☀ notieren ☀ bezahlen ☀ telefonieren ☀ bekommen ☀ trainieren ☀
☀ entschuldigen ☀ erzählen ☀ kontrollieren ☀ erklären ☀ spazieren ☀ bedeuten ☀
☀ diskutieren ☀ verdienen ☀ beginnen ☀ verlieren ☀ besuchen ☀ vergessen ☀

be-	er-	ver-	ent-	-ieren	
bezahlt	erzählen	verdienen	entschuldigen	probieren	telefonieren
beginnen	erklären	verlieren		diskutieren	spazieren
bekommen		vergessen		notieren	trainieren
besuchen				kontrollieren	
bedeuten					

C2 **16** Schreib passende Fragen und mach ein Interview mit einer Freundin / einem Freund. Notiere die Antworten.

a Handy verlieren

Hast du schon einmal dein Handy verloren? (Wann? Wo? …)

Ja, im Sommer, im Schwimmbad.

b Geistergeschichte erzählen

Mogen sie Geistergeschichte erzählen?

Ja, ich mag Geistergeschichte.

c in einem Restaurant Schnecken probieren

Worden sie probiert Schnecken zu essen?

Ja, ich esse Schnecken

d alle Getränke für deine Freunde bezahlen

Konen Sie für mein Getränk bezahlen?

Ja, ich kan bezahlen für ihr Getränk

e länger als eine Stunde telefonieren

f an einem Tag mehr als 60 € verdienen

g mit einem Lehrer oder einer Lehrerin über eine Note diskutieren

h mehr als zehn Geschenke an einem Tag bekommen

C2 **17** Eine Reise nach Rom. Lies Manuelas Tagebuch. Was ist auf der Reise passiert? Erzähle.

Sonntag: 1. Tag
Der Zug fährt pünktlich um 10:30 ab.
Julian vergisst seine Tasche auf dem
Bahnsteig!
Sabine erzählt wieder einmal
Geschichten über ihre Brüder.
Stundenlang! ☺
Im Hotel probieren wir echte
italienische Spaghetti.
Sie schmecken wirklich besser!

Montag: 2. Tag
Julian bekommt seine Tasche wieder.
Die Stadtführung beginnt viel zu spät.
Wir besuchen 3 Museen!
Wir bekommen keine Karten mehr für
das Theater.
Wir spazieren noch ein bisschen durch
Rom und dann zum Hotel.
Bin sehr, sehr müde.

Manuelas Zug ist pünktlich um halb elf abgefahren. Julian hat ...

D **Hören: Alltagssprache**

D2 **18** Was weißt du noch? Was passt zusammen? Ordne zu. → KB S. 23

Florian sucht ein Hotel für den Familienurlaub.	„Nein danke, das Schiff ist viel zu klein."
Er findet eine interessante Internetseite.	„Das meinst du nicht ernst, Florian."
Margit findet die Preise für die Reisen verrückt.	„Ich mache nur Spaß."
Florian findet eine Reiseidee besonders interessant.	„Papa möchte nach Italien. Mama möchte zum Waldsee."
Florian möchte nicht wirklich zum Mount Everest reisen.	„Die Urlaube sind wirklich cool."
Margit spielt mit Thomas Reisebüro.	„Familie Steiner auf dem Mount Everest, klingt doch gut, oder?"

D2 **19** Was passt? Ordne zu und ergänze dann die Dialoge.

Das meinst du ...	... nur Spaß
Das Rennen ...	... doch gut
Das klingt ...	... schwierig
viel zu ...	... nicht ernst
Ich mache ...	... ist wirklich cool

Lisa: Schau! *Das Rennen ist wirklich cool.*

Sebastian: Was ist das?

Lisa: Der Iron Man Triathlon in Hawaii. Da möchte ich einmal mitmachen.

Sebastian: Was muss man da machen?

Lisa: 4 km schwimmen, 180 km Rad fahren und 42 km laufen.

Sebastian: **a** ....! Das ist ja verrückt!

Lisa: Aber der Oktober in Hawaii ist viel schöner als der Oktober hier: Sonne, Meer und Strand. **b** ....
................................, oder?

Sebastian: Willst du da wirklich mitmachen?

Lisa: Nein, natürlich nicht, das ist ja **c** ....
für mich. **d** ....

E Grammatik

Präpositionen

Dativ →	-em
	-em
	-er
	-en (Nomen + n)

E1 **20** Mit wem reisen die Personen wohin? Schreib Sätze.

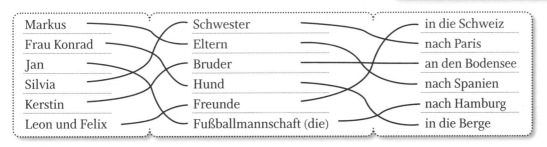

Markus	Schwester	in die Schweiz
Frau Konrad	Eltern	nach Paris
Jan	Bruder	an den Bodensee
Silvia	Hund	nach Spanien
Kerstin	Freunde	nach Hamburg
Leon und Felix	Fußballmannschaft (die)	in die Berge

a *Markus fährt mit seinen Eltern nach Spanien.*

b Frau Konrad fährt mit der Hund in die Berge

c Jan fährt mit einen Fußballmanschaft nach Hamburg

d Silvia fährt mit ihre Schwester nach Paris

e Kerstin fährt mit ihrem Bruder an der Bodensee Bodense

f Leon und Felix fährt mit den Freunden n in die Schwei

E1 **21** Reisevorbereitungen. Ergänze die Sätze mit den Informationen aus dem Bild.

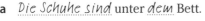
Weißt du's noch?
→ KB S. 129 Präpositionen

a *Die Schuhe sind* unter *dem* Bett.

b Die Bluse ist auf dem Bett.

c Die T-Shirt ist vor dem Schrank.

d Die Socken sind hinter der Lampe.

e Der roecke ist zwischen der Tasche

und dem Koffer.

f Die jeans sind neben dem Regal.

g Der pullover ist in den Koffer.

h Das kleid ist über den Stuhl.

14

E1 (22) Wohin geht die Reise? *Nach* oder *zu*? Ergänze die Überschriften mit der richtigen Präposition.

1 Entdecken Sie den Regenwald: Wir bringen Sie *zum Amazonas.*

2 Keine Band rockt besser: „Break Even" in Deutschland.
Wir bringen Sie .... des Jahres.

3 Traumreise ....: Entdecken Sie das Reich der Mitte.

4 Sind Sie ein Fußballfan? Dann fliegen Sie mit uns ....

5 Feiern Sie mit uns den Karneval in Brasilien: Billigflug ....

6 Reisen Sie ....: drei Tage Kairo für nur 499 €.

- China
- ~~der Amazonas~~
- die Pyramiden
- die Fußball-weltmeisterschaft
- das Konzert
- Rio de Janeiro

E1 (23) Ordne die Präpositionen den Symbolen zu und ergänze die Sätze.

Lerntipp – Grammatik
Meistens steht nach einer Präposition der Dativ. Nach den fünf Präpositionen *für, gegen, ohne, durch* und *um* steht aber immer der Akkusativ. Die fünf Präpositionen musst du gut lernen.

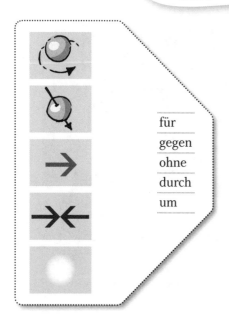

für
gegen
ohne
durch
um

a Stefan fährt nie .... seinen Computer ins Ausland.

b Lilo kauft noch Medikamente .... ihre Reise nach Afrika.

c Auf der Seestraße kann man .... den ganzen See fahren.

d Ich glaube, wir müssen .... den Park gehen. Dann kommen wir zum Marienplatz.

e Wir müssen noch Geschenke .... unsere Freunde kaufen.

f Unser Gepäck ist nicht da. Aber .... unsere Koffer und Taschen können wir nicht zum Hotel fahren.

g Tom braucht ein Medikament .... Kopfschmerzen.

E2 **(24)** Verrückte und weniger verrückte Reisen. Lies die Texte und ergänze die Präpositionen.
Wo sind die Personen? Ordne die Situationen zu.

A auf einem Hausboot **B** auf einer Kreuzfahrt **C** beim Wintercamping **D** im Weltraum

a ❂ neben ❂ in ❂ auf ❂
❂ aus ❂ neben ❂ ~~über~~ ❂

Hi Niklas,

vielleicht war es doch keine so gute Idee. Ich sitze

hier _____ meinem Zelt, links _____ mir liegt meine

Taschenlampe, rechts _____ mir mein Radio und

über mir ist Schnee. Ja, _____ dem Zelt liegt Schnee,

und es ist sehr kalt ... Ich muss einmal aufstehen,

hoffentlich komme ich _____ meinem Schlafsack.

Alex   Situation ⬡

c ❂ unter ❂ von ❂ über ❂

Die Erde sieht _____ hier
wunderschön aus. _____ uns sehe
ich eine große Stadt. Ich glaube, wir
sind _____ Deutschland, ja das
muss Berlin sein ...

Situation ⬡

b ❂ im ❂ auf ❂ über ❂ neben ❂ vor ❂

✉ Nachricht _ ◻ ✕

An ... [   ]   Betreff [   ]

Hi Laura,

es ist wunderbar hier. Ich liege _____ einer Wiese

und faulenze. _____ mir sehe ich die Sonne und einige

kleine Wolken. _____ mir liegt eine kleine Stadt und

_____ mir höre ich Daniel _____ Wasser schwimmen ...

Ines
                        Situation ⬡

d ❂ ~~vor~~ ❂ ~~hinter~~ ❂ neben ❂
❂ aus ❂ nach ❂ in ❂

Hallo Maren,

ich sitze hier _____ meinem Liegestuhl. *Vor* mir ist der

Swimmingpool, und gleich *hinter* dem Swimmingpool kann

man das Meer sehen. _____ mir ist die Bar, aber ich bin

nicht durstig, noch nicht. Wir sind gestern _____ Genua

abgefahren und kommen heute _____ Neapel, es gefällt

uns sehr gut hier ...

Claudia   Situation ⬡

E2 **(25)** Zeichne und beschreibe deinen Lieblingsplatz im Urlaub oder zu Hause.
Was kannst du von deinem Lieblingsplatz aus sehen?

Mein Lieblingsplatz ist auf / am / in ...

Vor / Neben / Hinter / über mir sehe ich ... / kann man ... sehen.

Neben / Zwischen / ... sieht man / gibt es ...

14

Finale: Fertigkeitentraining

(26) Lies den Text. Kreuze dann an: Richtig oder falsch?

Strategie – Beim Lesen
In Texten findest du oft Namen von Personen, Ländern oder Städten. Such die Eigennamen nicht im Wörterbuch. Dort findest du sie meistens nicht und du verlierst nur Zeit.
Zum Beispiel:
Kannst du die 9 Eigennamen im Text finden? Unterstreiche sie. Welche Namen stehen für eine Person, eine Stadt, ein Land oder eine Sehenswürdigkeit?

Matt tanzt um die Welt

1 Es ist ein fröhliches Video: Ungefähr 30 Menschen in
2 <u>München</u> lachen und tanzen, dann tanzen Menschen in
3 Bhutan, dann in China und dann in Afrika: Die Menschen
4 tanzen immer den gleichen Tanz. Es ist ein sehr einfacher,
5 lustiger Tanz. Auch kleine Kinder können ihn tanzen. Nach
6 fünf Minuten ist das Video zu Ende. Ein Mann ist bei den
7 Tänzern immer dabei: Matt Harding. Das Video war seine
8 Idee. Matt reist um die Welt. Er hat schon über 60 Länder
9 besucht. Überall wollen Menschen mit ihm tanzen. Und
10 Matt macht ein Video. Das Video kann man dann im Internet
11 sehen. Millionen Menschen haben Matts Homepage schon
12 angeklickt. Millionen Internetbesucher haben Matt und seine
13 Freunde tanzen gesehen.

14 Früher hat Matt in einem Büro gearbeitet. Jeden Tag ist er
15 am Morgen zur Arbeit gefahren und am Abend wieder nach
16 Hause. Das war ihm zu langweilig.

17 „Ich habe nachgedacht und mich gefragt: Was will ich
18 wirklich in meinem Leben machen? Und meine Antwort
19 war: Ich will die Welt sehen, ich will reisen", sagt Matt.
20 Ein Freund hatte dann die Idee mit Matts Tanz: „Du tanzt so
21 furchtbar schlecht, das sieht komisch aus. Machen wir doch
22 ein Video." Matt hat dann das Video ins Internet gestellt. Das
23 Video haben auch viele Internetbesucher komisch gefunden.
24 Auf seinen ersten Videos hat Matt noch alleine getanzt, vor
25 den Pyramiden in Gizeh, vor dem Eiffelturm in Paris, auf der
26 Chinesischen Mauer. Heute ist Matt auf der ganzen Welt
27 bekannt und Firmen geben ihm Geld für seine Reisen. Oft
28 besucht Matt auch arme Länder. Auch dort macht er seine
29 Videos, und dann spendet er Geld für die Schule im Ort. Im
30 Internet kann man Matts nächste Reiseziele sehen. Viele
31 Menschen haben Matt schon E-Mails geschickt. Sie wollen
32 ihn treffen und mit ihm tanzen.

		richtig	falsch
a	In dem Videofilm tanzen Menschen aus vielen Ländern.	☒	☐
b	Die Tänze sind sehr schwierig.	☐	☐
c	Matt Harding tanzt bei allen Tänzen mit.	☐	☐
d	Matt Harding macht Videos von den Tänzen und zeigt sie im Fernsehen.	☐	☐
e	Matt Harding hat früher sehr gerne in seinem Büro gearbeitet.	☐	☐
f	Das Video war Matts Idee.	☐	☐
g	Viele Menschen haben Matts Video gesehen.	☐	☐
h	Matt muss alle seine Reisen selbst bezahlen.	☐	☐
i	In armen Ländern spendet Matt Geld für einen besseren Unterricht.	☐	☐
j	Viele Menschen finden Matts Idee verrückt. Deshalb schreiben sie ihm E-Mails.	☐	☐

(27) Lies die Informationen und beschreibe Emilys Reiseroute.

Emily möchte im Sommer ihre Brieffreundin Ulla in Hamburg besuchen. Dann will sie nach Lyon in Frankreich reisen. Dort wohnt Emilys Bruder. Danach möchte sie nach Sardinien fahren. Ihre Eltern machen dort Urlaub.

10.7.
Hamburg 11:10 – Frankfurt 12:10
Frankfurt 13:40 – Lyon 15:00

14.7.
Lyon 15:13 Uhr – Genua 19:42

14.7.
Genua 22:00 – Porto Torres 8:15

Emily möchte mit dem Flugzeug am ...
um ... von ... nach ... fliegen.
Sie ...

(28) Emily telefoniert mit ihrer Freundin Ulla. Hör zu. Welche Probleme hatte Emily auf der Reise? 🔊 **1 12** **Kreuze an und beschreibe die Probleme.**

Problem?   ja   nein   Beschreibung

☐ ☐ ....

☐ ☐ ....

☐ ☐ ....

☐ ☐ ....

(29) Du möchtest drei Freunde oder Familienmitglieder besuchen und dann wieder nach Hause fahren. Beschreibe den besten Weg.

Zuerst besuche ich ... Ich fahre mit ... von ... zum / zur / nach ...

Dann ...

....

....

....

....

....

....

....

14

Nomen

Zelt, das, -e

Ziel, das, -e

Schnee, der (Sg.)

Taschenmesser, das, –

Messer, das, –

Streit, der, -e

Reise, die –n

Anzeige, die, -n

Weltraum, der (Sg.)

Gepäck, das (Sg.)

Postkarte, die, -n

Brieffreund, der, -e

Brieffreundin, die, -nen

Verben

regnen

vorbereiten

scheinen

erkältet sein

verlieren

Streit haben

abfahren

aufpassen

aufhören

passieren

mitnehmen

einpacken

auspacken

Adjektive

kühl

heiß

unbequem

bequem

andere Wörter

minus

endlich

usw.: und so weiter

z. B.: zum Beispiel

Wichtige Wendungen

Angaben zum Wetter machen

Im Winter sind minus ... Grad (Celsius).

Es regnet und ist sehr windig.

über Verkehrsmittel und Reisen sprechen

Ich habe im Winter in einem Zelt geschlafen.

Die Reise dauert ... und sie kostet ...

Wir sind um ... in ... angekommen.

Alltagssprache

Das meinst du nicht ernst!

Das Hotel ist wirklich cool!

Das klingt doch gut.

Das ist ja verrückt!

Ich mache nur Spaß.

Das kann ich jetzt ...

	... gut.	... mit Hilfe.	Das übe ich noch.

1 Wörter

Ich kann zu den Themen sechs Wörter nennen:

a Wetter: *Schnee,*		○	○	○
b Reisen: *Koffer,*		○	○	○

2 Sprechen

a Über das Wetter sprechen: ○ ○ ○

Am Morgen war es neblig.
Jetzt scheint die Sonne und es sind 24 Grad.

b Eine Reise beschreiben und bewerten: ○ ○ ○

Ich fahre mit ... von ... nach ... Wir fahren durch ...
Die Reise dauert ...
Hast du schon einmal im Winter in einem Zelt geschlafen?
Nein, es ist doch viel zu kalt.

c Über eine Reise berichten: ○ ○ ○

Wir sind gestern um ... von ... abgefahren.
Wir sind um ... in ... angekommen.

3 Lesen und Hören

Die Texte verstehe ich:

a Der Gipfel wartet (→ KB S. 19)	○	○	○
b Reisewetter (→ KB S. 20)	○	○	○
c Alberts Brief (→ KB S. 21)	○	○	○
d Franks Tagebuch (→ KB S. 22)	○	○	○
e Die Reise im Kopf (→ KB S. 23)	○	○	○

4 Schreiben

Eine Ansichtskarte aus dem Urlaub. ○ ○ ○

Lektion 15 — Kennst du ihn?

A Text

1 Was weißt du noch? Ergänze den Text. Achtung: Nicht alle Wörter passen! → KB S. 27

> ✪ sehr wütend ✪ ein Problem ✪ Bücher ✪ Freunde ✪ einen Brief ✪
> ✪ Eltern ✪ befreundet ✪ toll ✪ sehr zufrieden ✪ Ohrringe ✪
> ✪ heiraten ✪ verfeindet ✪ schrecklich ✪ weggehen ✪

(handwritten annotations: angry, problem, books, friend, letter, parent, become friend, great, satisfied, earrings, marry, enemies, awful, go away)

Kusuma sucht ihre **a** *Ohrringe*. Da findet sie **b** *einen Brief* an ihre Schwester Amita. Sie liest den Brief und weiß sofort: Amita hat **c** *ein Problem*. Der Brief ist von Radjay Bahrani. Es ist ein Liebesbrief. Doch Kusumas Familie und die Familie Bahrani sind **d** *verfeindet*. Einen Bahrani darf Amita nicht als Freund haben, einen Bahrani darf Amita nicht **e** *heiraten*. Kusumas **f** *Eltern* haben schon einen Mann für Amita gefunden. Er heißt Parem Chand. Aber Amita findet Parem einfach **g** *schrecklich*. Radjay und Amita wollen aus der Stadt **h** *weggehen*. Das macht Kusuma Angst. Amita kommt ins Zimmer und sieht ihre Schwester mit Radjays Brief. Sie ist **i** *sehr wütend*.

B Wortschatz

Kommunikationsmittel, Aussehen, Charakter

2 Welches Kommunikationsmittel passt? Ergänze die Buchstaben und ordne zu.

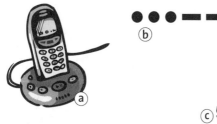

- **d** eine E_M_a_i_l schicken
- im ___n__t surfen
- ___f_____
- ein ___x schicken
- eine ___s_k_____schreiben
- einen __r_____ schreiben
- mit ___ch____gn_____ kommunizieren
- eine _M__ schicken

B2 (3) **Finde die Gegenteile im Kasten.**

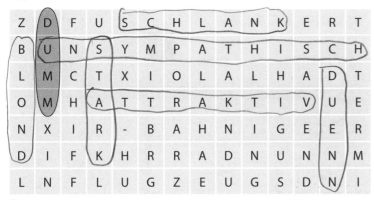

Z	D	F	U	S	C	H	L	A	N	K	E	R	T
B	U	N	S	Y	M	P	A	T	H	I	S	C	H
L	M	C	T	X	I	O	L	A	L	H	A	D	T
O	M	H	A	T	T	R	A	K	T	I	V	U	E
N	X	I	R	-	B	A	H	N	I	G	E	E	R
D	I	F	K	H	R	R	A	D	N	U	N	N	M
L	N	F	L	U	G	Z	E	U	G	S	D	N	I

Ü = UE

hässlich ↔ ~~attraktiv~~

dunkelhaarig ↔ ~~blond~~

dick ↔ ~~schlank~~

oder ~~duenn~~

schwach ↔ ~~stark~~

intelligent ↔ ~~dumm~~

sympathisch ↔ ~~unsympatisch~~

B2 (4) **Lies die Sätze und vergleiche. Wer hat welche Katze? Schreib die Namen unter die Bilder.**

1 _Kevin_

2 _Sarah_

3 _Lise_

a Lisas Katze ist <u>kleiner</u> als Kevins Katze.

b Kevins Katze ist <u>dicker</u> als Sarahs Katze.

c Kevin meint, seine Katze ist <u>dümmer</u> als Lisas und Sarahs Katzen.

d Lisa findet Sarahs Katze <u>sympathischer</u> als ihre Katze.

e Kevins Katze ist <u>stärker</u> als Sarahs Katze.

f Sarahs Katze ist <u>schlanker</u> als Kevins Katze.

g Lisa findet ihre Katze <u>hübscher</u> als Kevins und Sarahs Katzen.

h Sarahs Katze hat <u>schwarze</u> Haare.

○ Lisa ○ Kevin ○ Sarah ○

B2 (5) **Schreib die Sätze a – h aus Übung 4 um. Verwende die Gegenteile der unterstrichenen Adjektive.**

a _Kevins Katze ist größer als Lisas Katze._

b _Sarahs Katze_

c

d

e

f

g

h

B3 **6** Wer hat welche Charaktereigenschaft? Löse das Kreuzworträtsel.

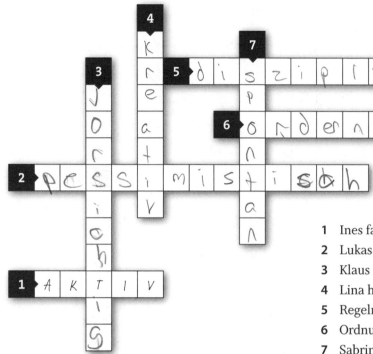

1 Ines faulenzt nicht gern.
2 Lukas sieht viele Dinge im Leben negativ.
3 Klaus mag kein Risiko.
4 Lina hat viele Ideen und schreibt tolle Geschichten.
5 Regeln sind für Florian sehr wichtig.
6 Ordnung ist für Kay sehr wichtig.
7 Sabrina denkt nicht lange nach, sie reagiert schnell und sofort.
8 Mario mag keinen Stress.

B3 **7** Wie heißt das Gegenteil? Verbinde.

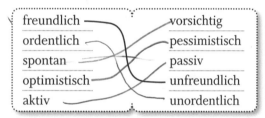

freundlich	vorsichtig
ordentlich	pessimistisch
spontan	passiv
optimistisch	unfreundlich
aktiv	unordentlich

B3 **8** Hör zu. Benjamin erzählt von sechs Mitschülern. Wie sind die Jugendlichen? Kreuze an. 🔊 **1** 13

a Alex: ☑ aktiv ☐ ordentlich ☐ freundlich
b Julia: ☐ spontan ☑ vorsichtig ☐ passiv
c Hannes: ☐ pessimistisch ☐ ruhig ☑ unordentlich
d Sabrina: ☑ diszipliniert ☐ freundlich ☐ passiv
e Sven: ☑ kreativ ☐ ruhig ☐ optimistisch
f Robert: ☑ pessimistisch ☐ vorsichtig ☐ realistisch

B3 **9** Handschriften. Lies noch einmal die Beschreibungen im Kursbuch. → KB S. 29
Welche Charaktereigenschaften haben diese Personen vielleicht?

⚙ aktiv ⚙ diszipliniert ⚙
⚙ vorsichtig ⚙ energisch ⚙
⚙ optimistisch ⚙ ordentlich ⚙
⚙ pessimistisch ⚙ spontan ⚙
⚙ kreativ ⚙ passiv ⚙ realistisch ⚙

Hallo Paul, kommst du?

Ich kann heute nicht kommen.

Wohin fahr ich dem Beule!

B3 **10** Vergleiche dich mit jemandem in deiner Familie oder in deiner Klasse. Schreib fünf Sätze.

Ich bin unordentlicher als Timo.

Timo ist mein Bruder. Er räumt immer sein Zimmer auf, ich nicht.

....

....

....

....

C Grammatik

Verben mit Dativ und Akkusativ

C2 **11** Ergänze die Dialoge mit den Verben in der richtigen Form.

a ⊙ Die Hose ist billig. Kauf sie doch.

◆ Nein, das Blau *gefällt* **mir** nicht.

b ⊙ Warum isst du deinen Spinat nicht?

◆ Er *schmekt* **mir** nicht.

c ⊙ Am Freitag ist meine Geburtstagsparty, ich möchte **dich** auch ....

Kommst du?

◆ Ja, gerne.

d ⊙ Meine Handynummer ist 0171 - 3 56 28 48.

◆ Okay, ich *rufe* **dich** am Nachmittag *an*.

e ⊙ *Passen* der Kugelschreiber **dir**?

◆ Nein, das ist Stefans Kuli.

f ⊙ Ich verstehe die Aufgabe nicht.

◆ Warte, ich *helfe* **dir**.

g ⊙ Die Jacke ist hübsch.

◆ Ja, aber sie *gehört* **mir** nicht, sie ist zu klein.

h ⊙ Wann möchtest du morgen aufstehen?

◆ Um sieben. Kannst du **mich** um Viertel vor sieben .... ?

> ⊙ helfen ⊙ wecken ⊙ gefallen ⊙
> ⊙ einladen ⊙ besuchen ⊙ schmecken ⊙
> ⊙ hören ⊙ gratulieren ⊙ gehören ⊙
> ⊙ suchen ⊙ fragen ⊙ anrufen ⊙ passen ⊙

i ⊙ Heute hat Alina Geburtstag.

◆ Na, dann müssen wir **ihr** gleich *gratulieren* .

j ⊙ Ich bin nächste Woche in unserem Ferienhaus am Koppensee.

◆ Super! Kann ich **dich** dort .... ?

k ⊙ Hallo Tom, hallo Britta!

◆ Wo warst du denn so lange? Wir ....

dich schon eine halbe Stunde!

l ⊙ Ich .... **dich** so schlecht. Ist dein Handy kaputt?

◆ Ich ... weiß ... nicht, ... vielleicht.

m ⊙ Wann haben wir den Mathetest?

◆ .... **mich** nicht, ich habe keine Ahnung.

(12) **Welche Verben brauchen den Akkusativ? Welche Verben brauchen den Dativ? Ordne die Verben aus Übung 11.**

Verben mit Akkusativ	Verben mit Dativ
wecken, einladen, besuchen, hören, suchen, fragen, anrufen	gefallen, schmecken, gratulieren, gehören, passen

Lerntipp – Grammatik

Fast alle deutschen Sätze haben einen Nominativ. Der Nominativ ist das Subjekt im Satz. **Zum Beispiel:** *Jana schreibt.* Die meisten deutschen Verben müssen oder können einen Akkusativ bekommen. **Zum Beispiel:** *Jana schreibt eine E-Mail.* Einige Verben brauchen einen Dativ. **Zum Beispiel:** *Jana hilft ihrer Freundin.* Die Verben musst du gut lernen. Schreib die Dativverben so in dein Vokabelheft:
gefallen (+ Dativ)

(13) *Wen, was oder wem? Ergänze die richtigen Fragen.*

a ⊙ Ich habe gestern ▬▬▬ zum Geburtstag gratuliert.

◆ *Wem hast du gratuliert?*

⊙ Sabrina.

b ⊙ Ich habe ▬▬▬ eingeladen.

◆ .... hast du eingeladen?

⊙ Sabrina und ihre Schwester Klara.

c ⊙ Ich kenne ▬▬▬ aus unserem Sommer-urlaub.

◆ ....

⊙ Na, Klara.

d ⊙ Den ▬▬▬ haben die Muscheln am Strand so gut gefallen.

◆ ....

⊙ Klara und mir.

e ⊙ Im Urlaub hat wem ▬▬▬ der Fisch immer so gut geschmeckt.

◆ ....

⊙ Klara.

Ich höre dich so schlecht. Ist dein Handy kaputt?

f ⊙ Ich habe also was ▬▬▬ gekocht.

◆ ....

⊙ Fisch und Spinat.

g ⊙ Aber Klara hat gesagt, sie darf was ▬▬▬ essen.

◆ ....

⊙ Keinen Fisch.

h ⊙ Sie hat ▬▬▬.

◆ ....

⊙ Eine Fischallergie, sie darf keinen Fisch essen, das macht sie krank.

C2 **(14)** **Ersetze die Namen durch Pronomen.**

Nachricht ☒ — ☐ ✕

| An ... | Moritz | Betreff | Uhr? |

Hallo Moritz,

hast Du gestern Deine Uhr bei mir vergessen? Ich habe

Thomas gefragt, aber *ihm (Thomas)* gehört sie nicht und

auch Sabine meint, **a** _____ *(Sabine)* gehört sie nicht.

Es muss Deine Uhr sein. Gehört sie **b** _____ *(Moritz)*?

Grüße, Tom

Hallo Lina, hallo Finn, ich möchte **c** _____ *(Lina und Finn)* zu meiner Geburtstagsparty einladen. Ich hoffe, der Termin passt **d** _____ *(Lina und Finn)*. Lilly

---

Hallo Tina, hat **e** _____ *(Tina)* der Film gestern gefallen? **f** _____ *(Miriam)* hat er nicht so gut gefallen. Bis bald, Miriam

---

Nachricht ☒ — ☐ ✕

| An ... | Elias | Betreff | Konzert |

Hallo Elias,

wie geht es **g** _____ *(Elias)*? Bist Du noch krank?

Ich hoffe, Du kannst am Wochenende beim Konzert

mitspielen. Wir brauchen **h** _____ *(Elias)*.

Bis Samstag!

Mary

D **Hören: Alltagssprache**

D1 **(15)** **Was weißt du noch? Ordne zu und vergleiche.** → KB S. 31

a Marvin möchte
☐ Andrea zu einer Party einladen.
☐ mit Andrea ins Kino gehen.
☐ mit Andrea in die Disco gehen.

b Oskar meint,
☐ Marvin soll Andrea einfach fragen.
☐ Andrea kann sicher mitkommen.
☐ Andrea mag Marvin auch.

c Marvin
☐ will Andrea nicht anrufen.
☐ will Andrea aber nicht fragen.
☐ meint, Oskar soll Andrea fragen.

d Andrea will mit Marvin ins Kino gehen, aber sie soll am Abend
☐ zu Hause lernen.
☐ ihrem Vater den Schlüssel bringen.
☐ mit Caroline lernen.

Wie viele Modalverben findest du in den Sätzen a – d? Unterstreiche sie.

D1 (16) **Was passt? Hör zu, ordne zu und ergänze dann die Dialoge.** 🔊 ① 14

Schon gut, ...	... Beispiel
zum ...	... ich verstehe
Das geht ...	... nicht sicher
ich bin ...	... ist peinlich
das ...	... leider nicht

☉ Kommt Andi zu deiner Party, Carmen?

◆ Ich habe ihn eingeladen,

aber **a** _____.

☉ Schau, dort drüben steht er, frag ihn doch.

◆ Nein, dort sind alle seine Freunde,

b _____.

☉ Dann frag ihn nach der Schule.

◆ Wie denn, wo denn?

☉ Du kannst ihn **c** _____

anrufen.

...

◆ Hallo Andi, hier ist Carmen. Kommst du zu

meiner Party?

☐ **d** _____,

ich habe keine Zeit.

◆ **e** _____.

☐ Nein, ich möchte gern kommen, aber ich muss für

meinen Onkel arbeiten.

◆ Schade!

☐ Ja, aber vielleicht hast du am Freitag Zeit?

Wir können ins Kino gehen.

E **Grammatik**

Modalverben, *sollen, gern – lieber – am liebsten*

E1 (17) **Ergänze die richtige Form von *können* und ordne zu: Bedeutung 1 oder 2?**

Weißt du's noch?
→ KB S.128   Modalverben

① Ich kann schwimmen. = Ich habe schwimmen gelernt.
② Ich kann kommen. = Es ist möglich.

a Sabrina *kann* sehr gut Klavier spielen. ①

b Am Dienstag haben wir frei, da _könen_ wir Jan und Erik besuchen. ①

c _könnt_ ihr einen Handstand machen? ②

d _Kann_ ich dich am Nachmittag anrufen, so gegen drei? ①

e _könt_ ihr Tennis spielen? Ich möchte das gern lernen. ②

f Du _kannst_ ihn ja fragen. Er ist in seinem Zimmer. ①

g Ich _kann_ Englisch, Deutsch und ein bisschen Spanisch. ②

E1 **18** Peinlich? Ergänze das richtige Modalverb in der richtigen Form.
Was meinst du? Welche Situationen sind peinlich, welche sind nicht peinlich?

☹ = peinlich   ☺ = nicht peinlich

a Markus (können) _kann_ sehr gut Schach spielen. Davids kleiner Bruder (wollen) _will_ unbedingt mit Markus Schach spielen. Markus' Freunde (wollen) _will_ zusehen. Davids kleiner Bruder gewinnt. ☹

b Sonja (wollen) _will_ auf eine Party gehen, aber auch ihre kleine Schwester Mia (wollen) _will_ mitkommen. Sonjas Eltern sagen, Sonja (müssen) _muss_ Mia auf die Party mitnehmen. Ohne ihre Schwester (dürfen) _darf_ auch sie nicht auf die Party gehen. ☹

c Clemens (müssen) _muss_ mit dem Bus zur Schule fahren. Der Kontrolleur (wollen) _will_ seinen Fahrschein sehen. Clemens _kann_ (können) seinen Fahrschein nicht finden. Er (müssen) _muss_ aussteigen. ◯

d Sabrina (wollen) _will_ am Wochenende zu einem Rockkonzert gehen. Die Karten kosten 60 €. So viel (können) _kann_ Sabrina nicht bezahlen. Thomas (wollen) _will_ Sabrinas Karte bezahlen. Sabrina (mögen) _mag_ Thomas nicht besonders gern. ☹

e Lisas Mathematiklehrerin (müssen) _muss_ eine Brille tragen. Die neue Brille sieht ein bisschen komisch aus. Im Mathematikunterricht (müssen) _muss_ Jonas deshalb immer wieder lachen. ☹

f Bei einem Schulfest (müssen) _muss_ Till die Direktorin, die Eltern und die Lehrer begrüßen. Plötzlich ist Till sehr nervös, er (können) _kann_ nicht mehr sprechen. ◯

g Pascal (müssen) _muss_ mit seiner Großmutter mit dem Bus in die Stadt fahren. Pascals Großmutter (können) _kann_ nicht mehr sehr gut hören. Sie spricht im Autobus sehr laut. ◯

E2 **19** Was sollen die Jugendlichen machen? Schreib Sätze.

Zieh eine warme Jacke an, Jan. Es ist kalt.
a Jan soll eine warme Jacke anziehen.

Steig aus, Anne. Wir sind da!
b ....

Wir spielen Basketball. Spiel doch mit, Samira.
c ....

Kauf bitte auch Milch ein, David.
d ....

Hört jetzt bitte zu, Timo und Nick!
e ....

Die Lösung ist falsch. Rechne das noch einmal, Maja.
f ....

E2 **(20)** Ergänze die richtige Form von *sollen* und ordne zu.

a Christian *soll* mit seiner kleinen Schwester spielen, ...	**1** ... er will sie aber lieber anrufen.
b Emma _____ für den Geschichtetest lernen, ...	**2** ... wir nehmen aber lieber die Hamburger.
c Ich _____ mein Zimmer aufräumen, ...	**3** ... sie fahren aber lieber mit dem Zug.
d Wir _____ Fisch essen, ...	**4** ... sie hört aber lieber ihre Lieblings-CDs.
e Jannis _____ Anne eine E-Mail schicken, ...	**5** ... er sieht aber lieber mit seiner Freundin fern.
f Elias und Philip _____ morgen mit dem Auto nach München fahren, ...	**6** Warum habt ihr immer noch nicht angefangen?
g Ihr _____ eure Hausaufgaben machen.	**7** ... ich spiele aber lieber Fußball.

E3 **(21)** Was sind Bastians Favoriten? Schreib Sätze mit *gern, lieber, am liebsten*.

a Obst: Äpfel ☺ Birnen ☺☺ Orangen ☺☺☺

Bastian mag gern Äpfel. Birnen mag er lieber, aber am liebsten mag er Orangen.

b Gemüse: Gurken ☺☺ Kartoffeln ☺ Tomaten ☺☺☺

Er mag gern _____

_____

c Haustiere: Hunde ☺☺☺ Katzen ☺☺ Pferde ☺

_____

_____

d Fernsehsendungen: Dokumentationen ☺ Spielshows ☺☺☺ Krimis ☺☺

_____

_____

e Feste: Silvester ☺☺☺ Ostern ☺ Weihnachten ☺☺

_____

_____

f Sprachen: Italienisch ☺☺ Englisch ☺ Deutsch ☺☺☺

_____

_____

E3 **22** Persönliche Fragen. Was machst du am liebsten? Schreib zu den Themen fünf persönliche Sätze.

> ✪ Fernsehsendungen ✪ Musik ✪ Essen ✪ Trinken ✪ Schulfächer ✪

a Ich sehe am liebsten ....

b Ich höre ....

c Ich esse ....

d Ich trinke ....

e Ich habe ....

Aussprache

23 Hör zu und markiere die <u>Betonung</u> im Satz. Achte auf die Satzmelodie. 🔊 ❶ 15

a ☉ Kannst du mir Karins Telefonnummer sagen? ↗   Ja/Nein-Frage

     Ich muss sie anrufen. ↘   Aussagesatz

   ◆ Du willst Karin anrufen? ↗   Intonationsfrage

   ☉ Ja, ich muss sie anrufen. ↘   Aussagesatz

b ☐ Wann kannst du heute kommen? ↘   W-Frage

   ▶ Tut mir leid, heute geht es nicht. ↘   Aussagesatz

   ☐ Kannst du nicht kommen ↗ oder willst du nicht kommen? ↘   Alternativfrage

     Bitte komm doch! ↘   Imperativ

24 Markiere die <u>Betonung</u> und die Satzmelodie. Hör dann zu und vergleiche. 🔊 ❶ 16

a ☉ Soll ich fernsehen? ▢ Soll ich <u>Musik hören</u>? ▢ Was soll ich nur tun? ▢

   ◆ Mach doch deine Hausaufgaben. ▢

   ☉ Ich will jetzt aber keine Hausaufgaben machen. ▢

b ☐ Wollen wir ein Computerspiel spielen? ▢

   ▶ Nein, ich will im Park Fußball spielen. ▢

   ☐ Du willst in den Park gehen? ▢ Es regnet aber doch. ▢

15

Finale: Fertigkeitentraining

25 Lies den Text und lös die Aufgabe.

Ein Schuh und ein Spiegel
Zwei Liebesgeschichten

① Fiona hat zwei Stiefschwestern. Fionas Stiefmutter liebt ihre Töchter über alles. Sie dürfen den ganzen Tag faulenzen. Fiona muss alle Arbeiten im Haus alleine machen. In der Stadt gibt es ein großes Fest. Die Schwestern dürfen auf das Fest gehen, Fiona soll wie immer zu Hause bleiben und arbeiten. Doch das will sie diesmal nicht. Verkleidet geht sie auch auf das Fest. Dort trifft sie Dominik. Sie tanzt nur noch mit ihm und vergisst alles: ihre Arbeit, ihre Mutter, ihre bösen Schwestern, aber auch die Zeit. Schon ist es kurz vor zwölf. Um Mitternacht muss sie unbedingt wieder zu Hause sein. An der Tür verliert sie einen Schuh. Dominik findet den Schuh. Er will Fiona wiedersehen, er muss sie finden. Er geht von Haus zu Haus. Wem passt wohl Fionas Schuh?

② Melissas Mutter lebt nicht mehr. Ihr Vater hat eine neue Frau geheiratet, Dana. Jeden Tag steht Dana stundenlang vor ihrem Spiegel. Ihr Aussehen ist ihr sehr wichtig. Danas Stieftochter Melissa wird älter und jeden Tag schöner. Bald ist sie schöner als ihre Stiefmutter. Das sieht auch Dana, und das macht sie sehr wütend. Melissa ist in Gefahr. Sie muss fortgehen. Über sieben Berge geht Melissas Reise und endet in einem kleinen Haus mitten im Wald. Doch Dana weiß sehr bald, wo sie Melissa finden kann. Auch Timo, ein junger attraktiver Mann, hat von Melissas Schönheit gehört. Auch er will Melissa finden. ...

Wilhelm und Jakob Grimm, zwei deutsche Professoren, haben diese beiden Geschichten im Jahr 1835 aufgeschrieben. In ihren Geschichten heißen die beiden Mädchen aber nicht Fiona und Melissa, sondern *Aschenputtel* und *Schneewittchen*. Dominik und Timo sind zwei Prinzen. Vielleicht kennst du *Aschenputtel* und *Schneewittchen* auch aus amerikanischen Zeichentrickfilmen. Dort heißen sie *Cinderella* und *Snow White*. Übrigens: Bei Wilhelm und Jakob Grimm heiraten *Aschenputtel* und *Schneewittchen* am Ende ihre Prinzen.

Richtig oder falsch? Kreuze an und korrigiere die falschen Sätze.

		richtig	falsch
a	Fionas Schwestern helfen bei der Hausarbeit *faulenzen den ganzen Tag*.	☐	☒
b	Fiona darf auch auf das Fest in der Stadt gehen.	☐	☐
c	Fiona bleibt bis zum Morgen auf dem Fest.	☐	☐
d	Fiona verliert auf dem Fest ihren Schuh.	☐	☐
e	Dana möchte schöner als ihre Stieftochter sein.	☐	☐
f	Melissa ist nicht so schön wie Dana.	☐	☐
g	In Danas Haus wird es für Melissa zu gefährlich.	☐	☐
h	Die zwei Geschichten sind mehr als hundert Jahre alt.	☐	☐
i	In amerikanischen Zeichentrickfilmen heißen die Mädchen Aschenputtel und Schneewittchen.	☐	☐
j	In beiden Geschichten gibt es ein glückliches Ende.	☐	☐

26 Liane erzählt von ihren Freunden. Hör zu und ergänze dann die Tabelle.

	Michael	Sabrina	Jan
Wie sehen Lianes Freunde aus?			
Wo und wie hat Liane ihre Freunde kennengelernt?	*Sie hat schon als kleines Kind mit Michael gespielt.*		
Was macht sie gemeinsam mit ihren Freunden?			

27 Schreib einen Text über eine Freundin oder einen Freund: Wie sieht sie / er aus? Wo hast du sie / ihn kennengelernt? Was macht ihr zusammen?

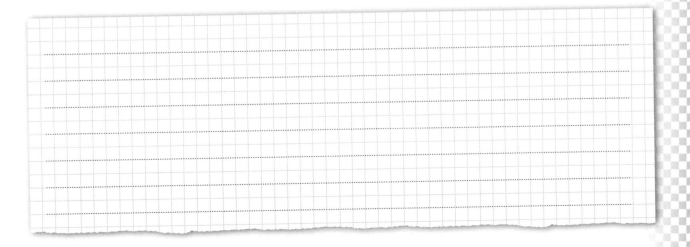

Strategie – Vor dem Schreiben

Nimm dir einige Minuten Zeit. Denk nach, sammle Ideen und mach Notizen zu den Themen in deinem Text.

Zum Beispiel:

Mein Freund Tom
Aussehen: groß, blond, schlank, älter als ich
Kennenlernen: Schwimmbad, Eis gekauft, kein Geld gehabt
Gemeinsame Aktivitäten: Kino gehen, Ausflüge machen

... ist ein Freund / eine Freundin.
Er/Sie ist groß / ...
Er/Sie ist älter / ... als ich.
Ich habe ... in ... / bei ... kennengelernt. Er / Sie hat ...
Wir ... oft / manchmal /...

15

Nomen
Ohrring, der, -e
Brille, die, -n
Zahnspange, die, -n
Verwandte, der/die, -n
Stress, der (Sg.)
Hochzeit, die, -en
Torte, die, -n
Schlüssel, der, –
Straßenbahn, die, -en
Bratwurst, die, ⸚e
Typ, der, -en

Verben
kennenlernen
trösten
gratulieren
sollen
verabredet sein

Adjektive
schwach
unsympathisch
dünn
stark
lockig
vorsichtig
optimistisch
pessimistisch
aktiv
deprimiert
hübsch
verschieden

andere Wörter
nie wieder
dort drüben

Wichtige Wendungen

Personen beschreiben und vergleichen
Meine Schwester ist genauso schlank wie ich.
Das Mädchen hier sieht älter aus.

Über Besitzverhältnisse sprechen
Gehört die Brille dir?
Nein, die gehört mir nicht.

Vorlieben angeben
Ich trinke am liebsten Tee.

Alltagssprache
Schon gut, ich verstehe.
Das geht leider nicht.
Das ist peinlich.
Ich bin nicht sicher.

Das kann ich jetzt ...

| | ... gut. | ... mit Hilfe. | Das übe ich noch. |

1 Wörter

Ich kann zu den Themen sechs Wörter nennen:

a Kommunikationsmittel: *Postkarte,* ○ ○ ○

b Aussehen: *schlank,* ○ ○ ○

c Charakter: *ruhig,* ○ ○ ○

2 Sprechen

a Personen beschreiben und vergleichen: ○ ○ ○

Er ist schlank und dunkelhaarig. Er ist sehr spontan.
Sie ist genau so ... wie ... Sie ist größer als ...

b Vom Kennenlernen erzählen: ○ ○ ○

Ich habe ... in ... kennengelernt. Wir sind ... Wir haben ...

c Über Besitzverhältnisse sprechen: ○ ○ ○

Ich glaube, das Buch gehört ... Wem gehört ...?

d Über Möglichkeiten sprechen: ○ ○ ○

Soll ich ... oder soll ich ...? Am liebsten ...

3 Lesen und Hören

Die Texte verstehe ich:

a Liebe braucht Zeit (→ KB S. 27) ○ ○ ○

b Die Hochzeit (→ KB S. 30) ○ ○ ○

c Was soll ich tun? (→ KB S. 31) ○ ○ ○

d Der richtige Typ für mich (→ KB S. 33) ○ ○ ○

4 Schreiben

Eine Kennenlern-E-Mail an
eine Brieffreundin / einen Brieffreund. ○ ○ ○

Was für eine Idee!

A Text

A1 **1** Was weißt du noch? Finde die Sätze.

Tran Van Hay war 31 Jahre lang ...	... 91 Meter weit gezogen. Das Geld für den Weltrekord ...	... für das Guinness Buch der Rekorde.
Hartmut Timm hat 59 Stunden lang ...	... kommt aus England. Sie ist ...	... nur 3,2 x 2,2 cm groß.
David Huxley hat eine Boeing 747 ...	... gesungen. Das war lange genug ...	... sind seine Haare 6 Meter 20 lang.
Die kleinste Zeitung ...	... nicht beim Friseur. Deshalb ...	... spendet er für arme Kinder.

B Wortschatz

Maße und Gewichte

 der ___l__m_____

B1 **2** Finde die Wörter.

 der __e_____e____

 das_____m__

 der Q u __ d _____ z _____ m _____

 das __r___

 der ___t___

 der ___t___

 der K_____z__t_____

 die ___k_____

die _t_____

 die ___nn__

die____u___

 der St___d__k_____t__

 das _i___

B1 **3** Welche Frage passt? Ordne richtig zu.

die Höhe	Wie groß ...?
die Länge	Wie schnell ...?
die Breite	Wie hoch ...?
die Fläche	Wie breit ...?
die Geschwindigkeit	Wie groß ...?
das Gewicht	Wie lang ...?
die Temperatur	Wie lang ...?
der Raum	Wie schwer ...?
die Zeit	Wie kalt / warm ...?

B2 **4** „Wer weiß mehr?" – Das Quiz für Schnelldenker.
Hör zu, ergänze die Fragen und schreib die richtigen Antworten. 🔊 ❶ 18

a .... ist der Mississippi? ....

b .... darf ein Auto sein? ....

c .... ist ein Basketball? ....

d .... ist der Mount McKinley? ....

e .... ist es 1.000 Meter unter dem Meeresspiegel? ....

f .... dauert ein Wasserballspiel? ....

g .... fliegt ein Tischtennisball? ....

B3 **5** Vergleiche und schreib Sätze mit *viel* oder *ein bisschen*.

a Herr Schmidt: 58 Jahre – Frau Schmidt: 33 Jahre
Herr Schmidt ist viel älter als Frau Schmidt.

b Messeturm in Frankfurt: 257 m – Die „Pyramide" in Berlin: 100 m

....

c Porsche: 240 km/h – VW Polo: 150 km/h

....

d Bernd: 68 kg – Jonas: 69 kg

....

e Hamburger: 5 € – Spaghetti mit Tomatensoße: 5,80 €

....

B3 **6** Lies die Sätze und unterstreiche die richtigen Wörter.

a ⊙ Kauf doch den Pullover.
◆ Nein, der ist <u>viel zu</u> | nicht so teuer.

b ⊙ Ich bin 1 Meter 65 groß, meine Schwester ist 1 Meter 63.
◆ Dann ist sie fast | doppelt so groß wie du.

c ⊙ Wie war dein Test?
◆ Er war nicht so | viel zu gut. Ich hatte ein paar | keine Punkte zu wenig für eine gute Note.

d ⊙ Wie lange braucht man mit dem Fahrrad zum Bahnhof?
◆ Ich bin nicht sicher, ich glaube circa | genau 10 Minuten.

e Mein Zimmer ist ziemlich | nicht so groß, es ist nur ein bisschen | viel kleiner als unser Wohnzimmer.

f Jonas hat am Morgen nie Zeit für das Frühstück. Er isst morgens nichts | ein Viertel.

g ⊙ Das sind 12 Eier, ich brauche für den Kuchen aber nur ein Viertel | die Hälfte | 30 Prozent.
◆ Dann nimm doch einfach sechs aus der Packung.

C Grammatik

Superlativ

C1 **(7)** **Schreib die Superlative. Ergänze die Tabelle.**

	der / das / die ...ste	am ...sten
schön		
schnell		
schwierig		
einfach		
teuer		
alt	der/das/die älteste	
weit		am weitesten
gut	der/das/die beste	
lang		

C1 **(8)** *am ...sten* **oder der / das / die ...*ste*? Ergänze die Sätze mit den Superlativen aus Übung 7.**

> **Lerntipp – Grammatik**
> Achtung: Manchmal gehört der Superlativ zu einem Verb. Dann brauchst du *am -sten.*
> Manchmal gehört er zu einem Nomen. Dann darfst du kein *am* benutzen!
>
> **Zum Beispiel:** *Er fährt **am schnellsten**. Er ist **der schnellste** Fahrer.*

a Meine Brüder Lukas und Marvin sind 9 und 12 Jahre alt. Ich bin 16, ich bin *am ältesten*.

b ☉ Fahren wir mit dem Auto oder mit dem Zug?

◆ Wir fliegen, das geht ....

c Nimm nicht .... Handy. Du hast doch nicht so viel Geld.

d Das ist schrecklich: Ich kann .... Frage nicht beantworten.

e Meine Schwestern singen alle schön, aber .... singt meine Mutter.

f ☉ Was meinst du, Markus? Was ist wohl .... Sprache?

◆ Ganz sicher Chinesisch.

g ☉ Fahren wir im Sommer nach Italien, Kroatien oder Griechenland?

◆ Griechenland ist .... entfernt, die Reise dauert ....

h ☉ Welches Eis magst du?

◆ Schokoladeneis schmeckt mir .... Haben Sie auch Schokoladeneis?

C2 (**9**) **Wer schwimmt am schnellsten? Lies die Sätze über Sandra, Julia, Anna und Tina und ergänze die Tabelle.**

a Tina ist am jüngsten. **b** Die schnellste Schwimmerin ist auch am besten in Deutsch. **c** Anna ist größer als Sandra, aber nicht so groß wie Julia. **d** Anna ist die schnellste Schwimmerin. **e** Das größte Mädchen ist älter als Sandra und Anna. **f** Das kleinste Mädchen schwimmt schneller als Julia. **g** Sandra schwimmt am langsamsten. **h** Sandra ist besser in Deutsch als Tina. **i** Anna ist jünger als Sandra. **j** Das älteste Mädchen ist besser in Deutsch als Sandra und Tina, aber nicht so gut wie Anna.

	Sandra	Julia	Anna	Tina
Alter: 13, 14, 15, 16				*13*
Größe: 1,50 m, 1,60 m, 1,70 m, 1,80 m				
Noten in Deutsch: 1 (sehr gut), 2 (gut), 3 (befriedigend), 4 (ausreichend)				
Schwimmmeisterschaft: 1. (erste), 2. (zweite), 3. (dritte), 4. (vierte)				

Tipp: Lies die Sätze in der Reihenfolge a, d, g, b, e, i, j, h, f, c

D **Hören: Alltagssprache** Hallo..)t es.

D1 (**10**) **Was weißt du noch? Ordne die unterstrichenen Satzteile richtig zu.** (→ KB S. 39)

bei Schwimmmeisterschaften

a Jan sagt: „Mein Vater hat ~~alles~~ gewonnen. Er war der beste Techniker über 100 Meter Brust."

In Wirklichkeit kann Jans Vater keine Haustiere haben.

alles

b Leonie sagt: „Mein Bruder kann ~~bei Schwimmmeisterschaften~~ reparieren. Er ist der Schnellste in der Familie."

In Wirklichkeit hat Leonies Bruder nur ihr Fahrrad „repariert". Die Batterien waren leer.

c Charlotte sagt: „Mein Hund kann Radio machen. Meine Meerschweinchen können Saltos fahren.

Mein Vater hat für mich ein Pferd gekauft."

In Wirklichkeit darf Charlotte nur sehr langsam schwimmen.

D1 **(11)** **Was passt? Ordne zu und ergänze dann den Dialog.**

Diese Geschichte ...	... Wirklichkeit
Warum soll ...	... eine Olympiade
In ...	... die Schnellste
sie war ...	... das nicht stimmen
Was für ...	... darfst du nicht glauben

Jana: Chiara sagt, *sie war die Schnellste*. Sie hat die Rechenolympiade gewonnen.

Max: **a** _____?

Jana: Die Rechenolympiade. Sie sagt, sie hat 100 Rechnungen in 4 Minuten gerechnet.

Sie war am schnellsten und hat gewonnen.

Max: Das stimmt sicher nicht.

Jana: **b** _____?

Max: **c** _____ ist Jana gar nicht so gut in Mathematik. Sie ist gut in Deutsch

und Englisch, aber sie kann nicht gut rechnen. **d** _____.

D1 **(12)** **Ergänze *der / das / die* und den Superlativ.**

> ✪ gut ✪ hungrig ✪ groß ✪ schön ✪ ~~billig~~ ✪ ruhig ✪ langsam ✪

a Teure Markenkleidung mag ich nicht. Ich kaufe immer nur *die billigste*.

b Bei der Hundemeisterschaft waren viele schöne Hunde, aber unser Bello war ganz klar _____.

c Wir sind zu klein. Kannst du den Ball holen, Mark? Du bist doch _____.

d Wir haben alle gut gespielt, aber Tom war _____.

e Jonas spricht nicht viel. Er ist _____ in der Klasse.

f Hannah hat dann noch drei Hamburger gegessen. Sie war _____ von uns allen.

g Wir müssen noch auf Hannah warten. Sie ist immer _____.

E **Grammatik**

Nebensatz mit *dass*

E1 (13) Noch mehr verrückte Rekorde. Was steht in der Zeitung?
Schreib mit den unterstrichenen Sätzen *dass*-Sätze wie im Beispiel.

> **Lerntipp – Grammatik**
> Nach *dass* kommt ein Nebensatz. In einem Nebensatz steht das
> Verb am Satzende. In *Ideen A2* lernst du noch mehr Wörter wie
> *dass* kennen. Markiere die Wörter in deinem Vokabelheft.
> **Zum Beispiel:**
> *dass* 🎾 oder *dass* + Nebensatz

Der kleinste Hund
Der kleinste Hund ist 15 cm lang. Er heißt Brandy und kommt aus den USA.

a   *Hier steht, dass der kleinste Hund 15 cm lang ist.*

Der größte Apfel
Der größte Apfel wiegt 1,85 Kilo. Er kommt aus Japan.

b   *Hier steht, dass der größte Apfel* ....

Das größte Handy
Das größte Handy ist 2 x 1 Meter groß. Es funktioniert wirklich und kommt aus Deutschland.

c   ....

Das längste Fahrrad
Studenten aus Holland haben das längste Fahrrad gebaut. Es ist 28 Meter lang.

d   ....

Die teuersten Jeans
Die teuersten Jeans kosten 49.000 €. Sie sind von Levi Strauß und mehr als 100 Jahre alt.

e   ....

Mit Klapperschlangen in der Wanne
Jackie Bibby aus Texas war mit 87 Klapperschlangen
zusammen in einer Badewanne. Und das 45 Minuten lang!

f   ....

E1 (14) **Alles Lüge! Wie war es in Wirklichkeit? Ordne zu und schreib jeweils 2 Sätze.**

❂ nur nach Italien ans Meer fahren ❂ Angst vor dem Wasser haben ❂ nur ein bisschen Englisch sprechen ❂
❂ nur mit zwei Fingern am Computer schreiben können ❂ gar nicht Tennis spielen können ❂
❂ ~~nur das Rotkäppchen im Schultheater spielen~~ ❂ nicht einmal einen Handstand machen können ❂

Meine Schwester ist Filmschauspielerin.
Nils

a <u>Nils sagt, dass ~~meine~~ seine Schwester Filmschauspielerin ist. In Wirklichkeit spielt sie nur das Rotkäppchen im Schultheater.</u>

b ....

Ich bin im Urlaub jeden Tag getaucht.
Paul

Ich kann schneller am Computer schreiben als unsere Schulsekretärin.
Alina

c ....

Mein Onkel spricht 10 Sprachen.
Nina

d ....

Wir machen im Sommer eine Kreuzfahrt in die Karibik.
Maja

e ....

Meine Freundin ist Zirkusartistin.
Emma

f ....

Mein Cousin war Olympiasieger in Tennis.
Dominik

g ....

dieser, dieses, diese

E2 (15) **Dieser Film ist einfach super!**
Ergänze die richtigen Formen von dies-.

Dieser Film!
Einfach super!

	Nominativ	Akkusativ	Dativ
maskulin	☐ Film! Einfach super!	☐ Film musst du sehen.	In *diesem* Film spielt mein Lieblingsschauspieler.
neutral	☐ Buch! Interessant!	*Dieses* Buch musst du lesen.	Von ☐ Buch habe ich noch nie gehört.
feminin	☐ Musik! Toll!	☐ Musik mag ich sehr.	Bei ☐ Musik muss man einfach mittanzen.
Plural	☐ Geschichten! Verrückt!	☐ Geschichten finde ich dumm.	Von ☐ Geschichten kann ich nicht genug bekommen.

Vergleiche:

	Nominativ	Akkusativ	Dativ
maskulin	d**er**	d**en**	d**em**
neutral	d**as**	d**as**	d**em**
feminin	d**ie**	d**ie**	d**er**
Plural	d**ie**	d**ie**	d**en** +n

E2 (16) **Ergänze die Sätze mit dies- und dem richtigen Nomen.**

❂ Film ❂ Rekord ❂ Schauspieler ❂ Schuhe ❂ Kleid ❂ ~~Antwort~~ ❂ Wörter ❂ Stadt ❂ Satz ❂

a 84 : 4 = 22. *Diese Antwort* ist sicher falsch.

b In 5 Minuten 50 Heuschrecken essen? .... ist doch verrückt!

c Das sind ja Hausschuhe! Mit .... *(Dativ)* kann ich sicher nicht wandern.

d „Chainsaw Massacre"? Nein, ... *(Akkusativ)* will ich sicher nicht sehen.

e Carlo Morelli? .... *(Akkusativ)* kenne ich nicht.

f Berlin ist toll! In .... *(Dativ)* möchte ich leben.

g „Sabine morgen kommen." .... ist sicher falsch.

h Das ist ja rosa! .... *(Akkusativ)* ziehe ich sicher nicht an.

i Das Meer, die Sonne, der Strand, die Liebe. .... *(Plural)* finde ich schön.

16

was für ein-

E3 **(17)** **Was für *ein* / *eine* / *einen* ...? Ergänze die Dialoge.**

a ☉ *Was für eine Jacke*
gefällt dir?

◆ Sie soll warm sein, die Farbe ist egal.

b ☉ ....
möchtest du?

◆ Er soll klein und süß sein.

c ☉ ....
soll es sein?

◆ Er soll billig, aber doch schnell sein.

d ☉ ....
spielen wir?

◆ Es muss lustig sein und darf
nicht zu lange dauern.

e ☉ ....
liest du gerne?

◆ Sie müssen lustig und dünn sein.

f ☉ ....
möchtest du jetzt hören?

◆ Am liebsten gar keine. Ich bin müde,
ich möchte schlafen.

Aussprache

(18) **Was hörst du? Kreuze an.** 🔊 **1** 19-21

	b	p			d	t			g	k
a	☐	☐		a	☐	☐		a	☐	☐
b	☐	☐		b	☐	☐		b	☐	☐
c	☐	☐		c	☐	☐		c	☐	☐
d	☐	☐		d	☐	☐		d	☐	☐
e	☐	☐		e	☐	☐		e	☐	☐
f	☐	☐		f	☐	☐		f	☐	☐

(19) **Ergänze die Buchstaben *b*, *p*, *d*, *t*, *g*, *k*. Hör zu, kontrolliere und sprich nach.** 🔊 **1** 22

Ka☐☐e   ☐illig   mö☐en   Bru☐er   ☐uh

ra☐en   Au☐o   ein☐ac☐en   ☐lüc☐   ☐rille

☐un   Tan☐e   ☐anke   ge☐en   ☐urs

☐ramm   ☐enau ein ☐ilo☐ramm ☐artoffeln   ☐ausend ☐onnen ☐oma☐en

ein ☐isschen ☐utter   ein ☐aar ☐ostkarten

20 Was hörst du und was schreibst du? Ergänze, hör zu und sprich nach. 🔊 ❶ 23

Du schreibst: gel☐   blon☐   Win☐   Ta☐   Ba☐   Pfer☐   ma☐   blei☐ hier
Du hörst: p   t   t   k   t   t   k   p

21 Ergänze die Regel.

Am Wortende spricht man im Deutschen die Buchstaben b, d, g meist wie ☐, ☐, ☐.

22 Hör zu und sprich nach. 🔊 ❶ 24

a	b	c	d	e	f
Lie**d**	Kin**d**	blon**d**	gel**b**	Klei**d**	Ta**g**
Lie**d**er	Kin**d**er	blon**d**e Haare	gel**b**e Blumen	Klei**d**er	Ta**g**e

Finale: Fertigkeitentraining

23 Der große Lügen-Test. Mach den Test und kreuze an.

Der Pinocchio-Test
Sind Lügen für dich ein Problem?

a **Deine beste Freundin hat ein neues Kleid gekauft.**
   Dir gefällt das Kleid überhaupt nicht. Was sagst du zu ihr?

☐ Was für ein Kleid hast du da gekauft? Das kannst du auf keinen Fall anziehen.

☐ Das Kleid gefällt dir also. Das finde ich gut. Wo hast du es gekauft?

☐ Du siehst in dem Kleid super aus. Wirklich toll!

b **Du warst mit Freunden in der Disco. Deine Eltern wollen nicht, dass du in die Disco gehst.**
   Deine Mutter fragt dich: „Wo warst du gestern Abend?" Was sagst du?

☐ Ich war in der Disco. Ich weiß, ihr wollt das nicht. Aber das ist mir egal, ich bin alt genug.

☐ Ich war noch mit Freunden weg. Wir hatten viel Spaß.

☐ Ich war bei Manfred. Wir haben den ganzen Abend gelernt.

c **Deine Mathematiklehrerin will deine Hausaufgabe sehen, du hast sie aber nicht gemacht.**
   Was sagst du?

☐ Ich finde diese Hausaufgaben langweilig. Ich habe die Aufgabe nicht gemacht.

☐ Ich hatte gestern leider keine Zeit für die Aufgabe, kann ich sie morgen bringen?

☐ Ich habe die Aufgabe gemacht, aber mein Bruder hat mein Hausaufgabenheft genommen.

d   **Ein Junge hat in einem Geschäft eine CD mitgenommen und nicht bezahlt. Der Kaufhausdetektiv denkt, du hast etwas gesehen. Was sagst du?**

☐   Der Junge hat die CD genommen. Ich habe es genau gesehen. Ich helfe Ihnen.

☐   Ja, da war ein Junge beim CD-Regal. Vielleicht hat er etwas genommen, vielleicht auch nicht. Das weiß ich nicht.

☐   Da war ein Junge? Sind Sie sicher? Ich habe hier keinen Jungen gesehen, tut mir leid.

e   **Ein Junge oder ein Mädchen an der Schule gefällt dir. Du weißt, er oder sie mag klassische Musik. Klassische Musik findest du schrecklich. Was sagst du?**

☐   Klassische Musik mag ich überhaupt nicht, aber du gefällst mir.

☐   Ich habe gehört, dass du interessante CDs hast. Vielleicht können wir einmal zusammen Musik hören.

☐   Meine Freunde haben erzählt, dass du klassische Musik magst. Am liebsten höre ich Beethoven, und du?

f   **Du hast erzählt, dass du der beste Schachspieler in deinem Schachklub bist. In Wirklichkeit kennst du nicht einmal die Regeln. Ein Freund möchte mit dir Schach spielen. Was sagst du?**

☐   Tut mir leid, ich kenne die Regeln nicht. Ich kann gar nicht Schach spielen.

☐   Ich habe so starke Kopfschmerzen. Ich kann heute leider nicht spielen.

☐   Eine Regel in unserem Klub sagt, dass wir nicht mit Anfängern spielen dürfen.

Zähl nun deine Punkte und lies die Auswertung. Passt die Beschreibung für dich?

Punkte:

Antworten 1 = je 1 Punkt
Antworten 2 = je 2 Punkte
Antworten 3 = je 3 Punkte

Meine Punktezahl: ....

Auswertung:

14-18 Punkte
Du findest Lügen sehr praktisch. Geschichten zu erzählen macht dir Spaß. Auch deine Freunde finden deine Lügengeschichten oft lustig. Aber pass auf: Es kann sein, dass man dir bald nicht mehr glaubt.

10-14 Punkte
Die Gefühle von anderen Menschen sind für dich sehr wichtig. Du bist höflich und deine Freunde mögen dich. Denk aber nicht immer nur an die anderen.

6-10 Punkte
Du sagst immer, was du denkst. Viele Menschen finden dich unhöflich. Vielleicht ist eine kleine Lügengeschichte manchmal gar nicht so schlecht.

24   **Hör die drei Dialoge und kreuze die richtigen Sätze an.**
Welche Pinocchio-Nase passt zu dem Lügner oder der Lügnerin? **25-27**

Strategie – Vor dem Hören
Lies zuerst die Richtig / Falsch-Sätze. Die Sätze geben dir schon Informationen über die Dialoginhalte.
Zum Beispiel:
Die Personen in Dialog a sind zwei Jungen (Max und Alex) und ein Mädchen (Sabrina). Sabrina und Max haben gestern vielleicht etwas zusammen gemacht. Sabrina war vielleicht mit Alex im Café.

Sammle noch weitere Wörter zu den Sätzen.
Zum Beispiel:
CDs hören – Musik hören – fernsehen – ...
im Café – im Park – im Kino – ...

	richtig	falsch

a Sabrina und Max haben gestern CDs gehört. ☐ ☐ ☐ ☐ ☐
Sabrina sagt, sie war mit Alex im Café. ☐ ☐ ☐ ☐ ☐

b Felix braucht Geld für sein Moped. ☐ ☐ ☐ ☐ ☐
Sein Vater soll ihm 100 Euro geben. ☐ ☐ ☐ ☐ ☐

c Carinas Mutter hat einen besonderen Fisch gekocht. ☐ ☐ ☐ ☐ ☐
Carina möchte mehr Gemüse. ☐ ☐ ☐ ☐ ☐

(25) Wer sagt das? Ordne zu und schreib *dass*-Sätze.

Sabrina	„Ich habe im letzten Monat ein bisschen mehr telefoniert."
Carina	„Ich habe im Park Fußball gespielt."
Felix	„Das Fleisch schmeckt interessant."

a *Sabrina sagt, dass sie* ....

b ....

c ....

(26) Wähle zwei Situationen aus dem Pinocchio-Test (Übung 23) und schreib je einen kurzen Dialog dazu.

Tina: *Schau, ich habe ein Kleid gekauft. Gefällt es dir?*
Yvonne: *Was für ein Kleid hast du da gekauft? Das kannst du nicht anziehen.*
Tina: *Warum nicht? Es gefällt mir sehr gut.*
Yvonne: *Die Farbe ist schrecklich!*
Tina: *Nein, du bist schrecklich! Mir gefällt mein Kleid.*

Tina: *Schau, ich habe ein Kleid gekauft. Ich finde es so schön.*
Yvonne: *Das finde ich gut. Wo hast du es gekauft?*
Tina: *...*

16

Nomen

Haar, das, -e
Friseur, der, -e
Sekunde, die, -n
Gramm, das (Sg.)
Raum, der, ⸚e
Moped, das, -s
Reparatur, die, -en
Batterie, die, -n
Instrument, das, -e
Gruppe, die, -n
Kleinstadt, die, ⸚e
Mond, der, -e
Unterschrift, die, -en
Hauptstadt, die, ⸚e
Karte, die, -n
Bier, das, -e
Ausland, das (Sg.)
Gepäckstück, das, -e
Koffer, der, –

Verben

putzen
tun
dauern
halten
recht haben
reparieren
organisieren

Adjektive

lang
unmöglich
breit
berühmt
beliebt
unbeliebt

andere Wörter

damals
ziemlich
wahrscheinlich
fast
ein paar
dieser/dieses/diese
was für ein/eine

Wichtige Wendungen

Angaben zu Mengen und Maßen machen
Wie groß ist Liechtenstein?
Wie schwer ist ein Auto?

vergleichen
In Deutschland gibt es mehr Autos als in Spanien.
Ein Gepard ist schneller als ein Hase.

Zweifel ausdrücken
Diese Geschichte stimmt sicher nicht.
Warum soll das nicht stimmen?

Alltagssprache
Das darfst du nicht glauben.
In Wirklichkeit ist er nicht gut in Mathe.

Das kann ich jetzt ...

... gut. ... mit Hilfe. Das übe ich noch.

1 Wörter

Ich kann zu diesen Themen sechs Wörter nennen:

a Mengen und Maße: *Tonne,* ○ ○ ○

b Dimensionen: *Höhe,* ○ ○ ○

c Adverbien: *ziemlich,* ○ ○ ○

2 Sprechen

a Angaben zu Mengen und Maßen machen: ○ ○ ○

Wie breit ...? Wie schwer ...? Die Geschwindigkeit ist ...

b Vergleichen: ○ ○ ○

Wer ist der schnellste ...? ... ist schneller als ...
... ist am schnellsten.

c Berichten, was jemand gesagt hat: ○ ○ ○

... sagt, dass ...

d Zweifel ausdrücken: ○ ○ ○

Dieses Märchen darfst du nicht glauben.
Diese Geschichte stimmt sicher nicht. In Wirklichkeit ...

3 Lesen und Hören

Die Texte verstehe ich:

a Das ist doch verrückt! → KB S. 34 ○ ○ ○

b Dieses „Märchen" darfst du nicht glauben! → KB S. 39 ○ ○ ○

c Hochstapler → KB S. 41 ○ ○ ○

4 Schreiben

Eine Anmeldung zum „Tag der Rekorde". ○ ○ ○

Grammatik

1 Ergänze die Adjektive in der richtigen Form.

> ✪ ~~groß~~ ✪ kalt ✪
> ✪ teuer ✪ alt ✪ gut ✪

a Petra: 1,65 m | Julian: 1,67 m → Julian ist *größer* als Petra.

b Herr Schmidt: 92 | Frau Schmidt: 87 → Herr Schmidt ist .... als Frau Schmidt.

c Toms Handy: 46 € | Annas Handy: 65 € → Annas Handy ist .... als Toms Handy.

d Mai: 18 Grad | September: 15 Grad → Der September ist .... als der Mai.

e Jan: Mathe „sehr gut" | Chris: Mathe „gut" → Jan ist .... in Mathematik als Chris.

① |4

2 Schreib höfliche Fragen wie im Beispiel.

a Geben Sie mir das Formular. → *Könnten/Würden* Sie mir bitte das Formular *geben*?

b Ruf mich am Nachmittag an. → .... / .... du mich am Nachmittag ....?

c Bringt eure Lieblings-CDs mit. → .... / .... ihr eure Lieblings-CDs ....?

d Iss dein Gemüse, Sandra. → .... / .... du dein Gemüse ....?

e Steigen Sie schneller ein. → .... / .... Sie bitte schneller ....?

② |4

3 Ergänze die Verben im Perfekt.

a (notieren) *Hast* du seine Telefonnummer *notiert*? Wir müssen ihn morgen anrufen.

b (vergessen) Tut mir leid, ich .... mein Deutschbuch zu Hause ....

c (einladen) Kommt Mathias auch? .... du ihn ....?

d (aussteigen) Das war doch deine Haltestelle. Warum .... du nicht ....?

e (probieren) Ich .... vier Pullover ...., aber sie waren alle zu klein.

f (beginnen) ☉ Wann .... das Fußballspiel ....? ◆ Vor zehn Minuten.

③ |5

4 Was ist richtig? Streich die falschen Artikelwörter weg.

a Im Sommer fliege ich mit meinem | ~~meinen~~ Bruder nach Paris.

b Ich möchte eine Reise um die | der Welt machen.

c Wo ist meine Jacke? In der | die Reisetasche ist sie nicht.

d Meine Eltern suchen ein Hotel für den | dem Winterurlaub.

e Ich möchte eine Kreuzfahrt auf einem | einer Luxusschiff machen. Das muss toll sein.

f Sabrina fährt dieses Jahr ohne ihre | ihren Eltern in Urlaub.

④ |5

5 Ergänze den Superlativ.

a Der Audi ist *schneller* als der VW, aber der Porsche ist *am schnellsten*.

b Biologie habe ich *lieber* als Chemie, ... mag ich aber Geschichte.

c Lisa ist *größer* als Anna. Die .... Spielerin im Basketballteam ist aber Sophie.

d Mein Onkel ist *älter* als mein Vater, der .... Mann in unserer Familie ist mein Opa.

e Deutsch ist *schwieriger* als Italienisch, Chinesisch ist ....

⑤ |4

Wortschatz

6 **Finde die Kleidungsstücke.**

a Jungen tragen oft ein *(EMHD)* _Hemd_, Mädchen eine *(LBSUE)* ....

b Nur Mädchen tragen ein *(LKEDI)* .... oder einen *(OCRK)* ....

c Im Winter sind *(SFIEELT)* .... oft besser als *(CUSHEH)* ....

d An den Füßen trägt man *(NOECSK)* .... , an den Händen *(NADEHSCUHH)* ....

e Ein *(LANEMT)* .... ist länger und meistens wärmer als eine *(AKJCE)* ....

⑥ |9

7 **Ergänze die Wörter zum Thema „Wetter".**

a Im Frühling: Es ist _b e w ö l k t_. Es gibt _R _ g _ _ _._ || Es _ _ e _ g _ n _ _ _._

b Im Sommer: Die _ _ o _ _ _ scheint. || Es ist _ _ _ n n _ g. || Es gibt keine _W _ _ k _ _ _.

c Im Herbst: Es gibt _ _ e _ e l und _W _ _ _ d. || Es ist _n _ b l _ _ und _ _ i n d _ _.

d Im Winter: Es gibt _ _ c h _ e _ _. || Es _ _ _ _ _ e i _.

⑦ |11

8 **Finde die Gegenteile zu den Adjektiven.**

> ❌ hübsch ❌ schlank ❌ intelligent ❌ vorsichtig ❌ stark ❌ dunkelhaarig ❌

a hässlich ↔ ....   **d** dick ↔ ....

b dumm ↔ ....   **e** spontan ↔ ....

c schwach ↔ ....   **f** blond ↔ ....

⑧ |6

9 **Was bedeuten die Buchstaben?**

m _Meter_   t ....   kg ....

l ....   cm ....   '(min) ....

⑨ |5

Alltagssprache

Hallo.. t es.

10 **Ergänze die Dialoge.**   Ⓐ Auf keinen Fall. Ⓑ in Wirklichkeit Ⓒ Vielleicht das nächste Mal. Ⓓ Das klingt doch gut, oder? Ⓔ zum Beispiel

a ☉ Wir möchten auf den Berggipfel. Kommst du mit? ◆ Ⓐ Ich habe Höhenangst.

b ☉ Samstag 17:00 Uhr: Strandparty. ◯ ◆ Ja, das wird toll.

c ☉ Wir gehen ins Schwimmbad, kommst du mit? ◆ Nein leider, ich kann nicht. ◯

d ☉ Julia sagt, dass ihr Vater Architekt ist. ◆ Aber ◯ arbeitet er bei VW.

e ☉ Siehst du gerne Serien im Fernsehen? ◆ Ja, ◯ die „Simpsons".

⑩ |4

Grammatik	Wortschatz	Phrasen	Wie gut bist du schon?	Gesamt
20–22	26–31	4	☺	|57
12–19	17–25	3	😐	
0–11	0–16	0–2	☹	

Wenn ich das schaffe, ...

A Text

A1 **1** **Was weißt du noch? Ordne die Fragen und Antworten zu und ergänze.** → KB S. 51

1 Wer ist Jamie Oliver?

2 Was muss Lisa bei ihrer Prüfung machen?

3 Was macht Lisa nach ihrer Prüfung?

4 Warum heißt Jamie Olivers Restaurant „Fifteen"?

5 Welche Probleme gibt es bei der Ausbildung am College?

6 Wie viele Jugendliche schaffen die Abschlussprüfung am College?

> ✪ Koch und Fernsehstar ✪ fünfzehn arbeitslose Jugendliche ✪ ein Rezept von Jamie Oliver ✪ Streit ✪
> ✪ eine Ausbildung in einem Koch-College ✪ vier von fünfzehn Jugendlichen ✪ pünktlich ✪

a ⬡ Sie muss .... nachkochen.

b ⬡ Nur .... schaffen die Prüfung.

c ⬡ In Jamie Olivers Restaurant bekommen .... eine neue Chance.

d ⬡ Sie macht neun Monate lang ....

e ⬡ Jamie Oliver ist ein berühmter ....

f ⬡ Manche Jugendliche kommen nicht .... zur Arbeit, manchmal gibt es ....

B Wortschatz und Grammatik

Wechselpräpositionen

B1 **2** **Schreib die Präpositionen an die richtige Stelle in der Zahl neun.**

> ✪ in
> ✪ auf
> ✪ über
> ✪ an
> ✪ unter
> ✪ zwischen
> ✪ vor
> ✪ neben
> ✪ hinter

3 **Wo waren die Personen? Sieh die Bilder an und ergänze die Sätze.**

wo? ◨ in + Dativ

der Zug das Café

die Mensa

a Miriam hat **wo?** *im Zug* einen Orangensaft getrunken.

b Herr und Frau Schulze haben **wo?** .... zwei Kaffee getrunken.

c Daniel hat **wo?** .... einen Hamburger gegessen.

d Julia hat **wo?** .... eine Banane gegessen.

e Stefan hat **wo?** .... Schokolade gegessen.

der Park das Bett

4 **Wohin gehen die Personen zum Essen?**
Sieh die Bilder an und ergänze die Dialoge.

wohin? ⟶ in + Akkusativ

a ☉ Kommst du mit zu Tom? Er kocht mittags etwas.
◆ Nein, ich habe am Nachmittag Unterricht. Ich bleibe hier und
gehe **wohin?** .... Dort gibt es heute Hähnchen.

b ☉ Ich möchte gern einen Tee trinken.
◆ Na, dann gehen wir doch **wohin?** ....

c ☉ Ich möchte heute einmal ganz fein essen. Es kann auch teuer sein.
◆ Dann gehen wir doch **wohin?** ....

d ☉ Ich mag Pizza. Gibt es hier eine Pizzeria?
◆ Ja, wir können **wohin?** .... gehen.

e ☉ Kaufen wir doch etwas am Schulkiosk.
◆ Ja, und dann gehen wir **wohin?** .... und essen dort.

5 **Was kocht der Fernsehkoch? Ergänze *wo?* oder *wohin?* Unterstreiche die richtigen Wörter und finde die Antwort.**
Achte auf die Verben, sie helfen dir.

Geben Sie Wasser _wohin?_ in den | im Topf. So ... Der Topf steht .... auf den | auf dem Herd. ... Wo ist

nur das Salz? ... Ach ja, hier steht es, direkt .... neben der | neben die Pfanne. Geben Sie das Salz

jetzt .... im | ins Wasser. Natürlich nicht alles. ... Dann können Sie mit der Sauce beginnen. Meine Zwiebel

liegt schon .... auf dem | auf den Küchentisch, die muss ich jetzt ganz fein schneiden. ... So ... Jetzt

kommt Öl .... in der | in die Pfanne, dann die Zwiebel. Auch die Tomaten bitte ganz fein schneiden. Am

besten geben Sie sie .... in die | in der Küchenmaschine, das geht am schnellsten. Meine Tomaten sind

schon fertig, sie liegen hier .... auf den | auf dem Teller, und kommen jetzt .... in der | in die Pfanne.

Was macht das Wasser .... im | in den Topf? Ja, es kocht schon. ... Wo sind meine Nudeln? Ich glaube, sie

liegen noch .... ins | im Regal.

Der Koch kocht ....

6 Sortiere die Ausdrücke im Kasten. Ergänze die Tabelle auch mit den Phrasen aus Übung 5 (z.B. *in den Topf geben*).

> ❂ im Restaurant essen ❂ ins Café gehen ❂ im Zelt wohnen ❂ in die Stadt fahren ❂ in der Schule sein ❂
> ❂ am Strand bleiben ❂ in die Türkei fliegen ❂ auf den Tisch legen ❂ auf dem Stuhl sitzen ❂

wo? (Wechselpräposition + Dativ)	**wohin?** (Wechselpräposition + Akkusativ)
im Restaurant essen,	in den Topf geben,

Lerntipp – Grammatik
Schreib Lückensätze für deinen Partner oder deine Partnerin. Tauscht die Sätze aus und ergänzt die Lücken.

Zum Beispiel:
Ich esse heute in _____ Mensa, du auch?

7 Sieh die Zeichnung an und antworte auf die Fragen. Schreib weitere Fragen und Antworten.

Kundin:

Wo sind die Birnen?   Über _____.

Wo sind die Kartoffeln?   Neben _____.

Wo sind die Zwiebeln?   Unter _____.

Wo ist der Spinat (Sg.)?   Über _____.

_____ _____.

Lieferant:

Wohin kommen die Karotten?   Unter _____.

Wohin kommen die Orangen?   Zwischen _____.

Wohin kommt der Salat (Sg.)?   Neben _____.

Wohin kommen die Tomaten?   Über _____.

_____ _____.

8 **Partyvorbereitungen. Ergänze die Dialoge.**

a ☉ Wohin hast du die Teller gestellt?

◆ Die stehen *(in)* .... Küche.

b ☉ Wohin hast du die Gabeln gelegt?

◆ Die liegen *(neben)* .... Gläsern.

c ☉ Wohin hast du die Gläser gestellt?

◆ Die stehen *(auf)* .... Tisch
im Wohnzimmer.

d ☉ Hast du den Orangensaft *(in)* .... Kühlschrank
gestellt?

◆ Nein, der steht noch *(in)* .... Flur.

e ☉ Hast du die Chips *(in)* .... Wohnzimmer gebracht?

◆ Nein, die liegen noch *(in)* .... Küche.

f ☉ Hast du die Servietten *(neben)* .... Teller gelegt?

◆ Nein, die Servietten haben wir *(in)* .... Supermarkt
vergessen.

Tisch decken, Speisen und Getränke bestellen

9 **Finde die Wörter und schreib sie zu den Bildern. Schreib auch die Artikel.**

> ☉ lGsa ☉ seMser ☉ eelrlT ☉ alseSuztrer ☉ ftfefererPsrue ☉ vterSeiet ☉ alebG ☉ öLeffl ☉

10 **Hör zu. Welche Speisen gehören zu den Menüs? Was bestellen die Jugendlichen?** 🔊 ❶ 28

> ☉ Karottenkuchen ☉ Tagessuppe ☉ Rindfleisch mit Zwiebeln ☉ Fruchtjoghurt ☉
> ☉ Würstchen mit Pommes frites ☉ Spinatnudeln ☉ Gemüsesuppe ☉ Schokoladeneis ☉

Menü 1	Menü 2	Kindermenü
7 €	10 €	4,50 €
Vorspeise	Vorspeise	....
....	....	....
Hauptspeise	Hauptspeise	
....	....	
Nachspeise	Nachspeise	
....	....	

B4 **11** Ergänze die Wörter in der Mind-Map. Sammle weitere Wörter aus dem Band 1 von „*Ideen*".
Schreib die Nomen mit Artikel und Pluralsignal.

❂ Kartoffel ❂ Salat ❂ Hähnchen ❂ bestellen ❂ Gurke ❂ Topf ❂ Pfanne ❂ Spinat ❂ Birne ❂
❂ Lauch ❂ Kellner ❂ Wurst ❂ Sardellen ❂ Rechnung ❂ Wein ❂ Orangensaft ❂ ... ❂

Gemüse   Speisen   Sonstiges

die Gurke(–n)   Obst

der Apfel (¨)   Fleisch   Getränke

Essen und Trinken

im Restaurant   in der Küche

Aussprache

12 Hör zu und sprich nach. Du hörst immer *ts*. Ergänze die Buchstaben. 🔊 **1** 29
Meistens schreibst du *z*, manchmal schreibst du aber auch *tz*.

Sal⬚streuer   schwar⬚   Pla⬚   be⬚ahlen   ⬚wei   ach⬚ig   ⬚ucker

Pi⬚zeria   ⬚eit   gan⬚   ⬚urück   je⬚t   ⬚weiund⬚wan⬚ig

13 Ergänze die Dialoge mit den Wörtern aus Übung 12. Hör dann zu. 🔊 **1** 30

a ☉ Gehen wir .... essen? Hast du ....?

♦ Ja, gehen wir doch in die .... am Hauptplatz.

☉ Dort ist es aber immer so voll. Wir bekommen sicher keinen ....

b ☉ Darf ich Ihren .... nehmen? Ich bringe ihn sofort ....

♦ Ja, natürlich.

c ☉ Bitte .... mal Kaffee mit ....

♦ Möchten Sie den Kaffee .... oder mit Milch?

d ☉ Wir möchten ....

♦ Das macht .... Euro ....

C Wortschatz

Berufsausbildung

C1 14 Finde den richtigen Beruf. Schreib auch die weibliche Form.

a Die Person hilft kranken Tieren. .... *Tierärztin*

b Die Person schneidet Haare. ....

c Die Person hilft kranken Menschen. Sie ist aber kein Arzt. ....

d Die Person repariert Autos. ....

e Die Person schreibt Computerprogramme. ....

f Die Person macht Fotos. ....

g Die Person kocht in einem Restaurant. ....

h Die Person bringt in einem Restaurant die Speisen und Getränke. ....

i Die Person macht die Schreibarbeiten in einem Büro. ....

- ❂ Friseur
- ❂ Mechatroniker = Automechaniker
- ❂ Tierarzt
- ❂ Fotograf
- ❂ Koch
- ❂ Sekretär
- ❂ Programmierer
- ❂ Krankenpfleger
- ❂ Kellner

C2 15 Hör zu. Welche Ausbildung und welchen Beruf haben die Personen? 🔊 1 31 Verbinde. Achtung: Nicht alle Berufe passen!

Name	Schuljahre	Schule	Ausbildung	Beruf
Sonja Jonas Alex Kerstin	10 Jahre Schule 9 Jahre Schule 12 Jahre Schule	Hauptschulabschluss Realschulabschluss spezielle Schule Abitur	Lehre Technische Hochschule Universität Musikschule	Verkäuferin Friseurin Lehrer Kellner Musiker Programmiererin Krankenschwester

C2 16 Beschreibe die Ausbildung von zwei Personen aus Übung 15. Schreib auch Sätze über dich.

a *Sonja ist neun Jahre in die Schule gegangen. Sie* ....

b ....

c *Ich gehe* .... *. Dann möchte ich* ....

D **Hören: Alltagssprache**

D2 **(17)** **Was weißt du noch? Ergänze die Namen.** → KB S. 55

> *S* Sarah   *Hu* Herr Huber   *Ha* Frau Hacker   *L* Lukas

a [____] hat Angst, dass er mit der Arbeit nicht pünktlich fertig wird.

b [____] meint, [____] soll nicht so lange Pausen machen.

c [____] macht im Geschäft etwas kaputt und sagt: „Das war [____].“

d [____] denkt, [____] hat die Flaschen kaputt gemacht.

e [____] soll die Flaschen bezahlen.

f [____] erzählt Herrn Huber, dass [____] die Flaschen kaputt gemacht hat.

D2 **(18)** **Ordne zu und ergänze den Dialog.**

Ich hasse ...	... weg
Das ...	... schon gut
Ja, ja, ist ...	... fertig
Ich bin ...	... den Job
Ich muss ...	... ist meine Sache

Mark: **a** .... Den ganzen Nachmittag Autos waschen, schrecklich!
Ich mache jetzt Schluss.

Jakob: Aber da stehen noch fünf Autos. Was sagst du Herrn Käfer?

Mark: **b** .... Ich habe einen Termin. **c** ....
... Herr Käfer, das war das letzte Auto. **d** .... Ich gehe jetzt.

Herr Käfer: **e** .... , Mark.

Jakob: Ich bleibe noch und wasche auch noch die zwei Autos dort drüben, Herr Käfer.

Herr Käfer: Gut, Jakob, aber ich kann dir leider nicht mehr bezahlen.

Jakob: Oh, das habe ich ja ganz vergessen. Ich habe auch einen Termin. Ich muss leider auch weg.

E Grammatik

Nebensätze mit *wenn*

E1 **(19)** Ordne zu. Finde fünf Schul- und fünf Verkehrsregeln.

1 Wenn du gute Tests schreibst, …	**a** … musst du 16 Jahre alt sein.
2 Wenn du das Abitur schaffst, …	**b** … musst du ein Schuljahr wiederholen.
3 Wenn du in einer Stadt Auto fährst, …	**c** … bekommst du gute Noten.
4 Wenn du dieses Zeichen ⊖ siehst, …	**d** … kannst du an einer Universität studieren.
5 Wenn du neun Jahre lang die Schule besucht hast, …	**e** … musst du stehen bleiben.
6 Wenn du mit dem Fahrrad nach rechts oder nach links fahren willst, …	**f** … darfst du nicht in diese Straße fahren.
7 Wenn du sehr schlechte Noten hast, …	**g** … kannst du eine Lehre machen.
8 Wenn du krank bist, …	**h** … musst du mit der Hand ein Zeichen geben.
9 Wenn du dieses Zeichen siehst 🛑 , …	**i** … brauchst du eine Entschuldigung von deinen Eltern.
10 Wenn du in Deutschland mit einem Moped fahren möchtest, …	**j** … darfst du nicht schneller als 50 km/h fahren.

Schulregeln

1 C,

Verkehrsregeln

E1 **(20)** Ordne richtig zu und schreib immer zwei *wenn*-Sätze.

mit dem Bus – fahre – ich – zur Schule – Wenn,	kann ich noch pünktlich sein.
nehme – ich – Wenn – das Fahrrad,	komme ich zu spät.

a *Wenn ich mit dem Bus zur Schule fahre, komme ich* .

b

Markus – weiter – geht – Wenn – zur Schule,	kann er schon Geld verdienen.
Markus – eine Lehre – Wenn – macht,	kann er nächstes Jahr das Abitur machen.

c *Wenn*

d

das Wetter – Wenn – schön ist – morgen,	sehen wir fern.
regnet – es – Wenn – morgen,	machen wir eine Radtour.

e *Wenn*

f

den Job – Wenn – ich – bekomme,	ich – kann – kaufen – das Moped.
ich – Wenn – verdiene – kein Geld,	weiter Rad fahren – ich – muss.

g ....

h ....

ich – gehe – auf die Party – Wenn,	ich – nicht mit Julia tanzen – kann.
meine Lieblingsserie – sehe – ich – Wenn,	meine Lieblingsserie – ich – kann – nicht sehen.

i ....

j ....

E2 **(21)** **Wen stört was? Schreib für jede Person zwei Sätze.**

> ✪ keine Hausaufgaben machen ✪ Test sehr schwierig sein ✪ meine CDs nehmen ✪
> ✪ nicht pünktlich zur Schule kommen ✪ jedes Wochenende ohne mich auf eine Party gehen ✪
> ✪ Unterricht langweilig sein ✪ immer streiten ✪

a **Lehrer:** *Es stört mich, wenn meine Schüler* ....

....

b **Geschwister:** *Ich mag es nicht, wenn mein Bruder / meine Schwester* ....

....

c **Schülerin:** *Es gefällt mir nicht, wenn* ....

....

E2 **(22)** **Was stört dich? Schreib fünf persönliche Sätze.**

Es stört mich, wenn meine Lehrerin / mein Bruder / meine Eltern / meine Freunde / jemand ...

a ....

b ....

c ....

d ....

e ....

Finale: Fertigkeitentraining

(23) Lies den Text und kreuze dann an: Welche Aussagen sind richtig, welche falsch?

Ein Job für sieben Tage ...

Die Praktikumswoche ist vorbei! Eine Woche lang haben Schülerinnen und Schüler aus der neunten Klasse in verschiedenen Firmen das Berufsleben kennengelernt. Michelle, Christoph und Katrin erzählen von ihrer Praktikumswoche.

Michelle, 15: Ich war in einer Bank. Es hat mir zuerst sehr gut gefallen. Die Chefin und die Angestellten waren sehr höflich und freundlich. Man muss in der Bank immer elegante Kleidung tragen und attraktiv aussehen, auch das war cool. Aber dann war ich viele Stunden lang nur in einem kleinen Zimmer und habe gerechnet und gerechnet. Das war nicht so toll. Ich weiß jetzt, ich möchte in meinem Beruf einmal mit Menschen arbeiten, am liebsten mit Kindern. Ich gehe sicher noch weiter in die Schule. Später will ich Lehrerin werden.

Christoph, 16: Mein Praktikum war toll. Ich habe bei einem Tischler gearbeitet. Ich bastle sehr gern. Für mein Zimmer habe ich zum Beispiel Bücherregale gebaut. Das macht mir einfach Spaß. Da war das Praktikum in der Tischlerei ideal. Der Chef war sehr freundlich. Er hat gesagt, wenn ich möchte, kann ich nach diesem Schuljahr bei ihm als Lehrling anfangen. Aber ich bin noch nicht sicher. Ich gehe auch ganz gern zur Schule. Wenn ich Abitur machen will, kann ich jetzt keine Lehre machen. Vielleicht später. Die Entscheidung ist schwierig.

Katrin, 15: Mein Praktikum war eine Katastrophe. Ich habe alles falsch gemacht. Ich habe in einem Restaurant gearbeitet. Da musst du jeden Tag um fünf Uhr früh aufstehen. Schon am ersten Tag bin ich zu spät gekommen. Und dann hatte ich auch noch andere Probleme: Da gibt es Besteck und Teller für die Suppe, für das Brot, für den Fisch, für das Fleisch ... Ich habe am Anfang immer alles an den falschen Platz gelegt. Einmal habe ich zwanzig Teller in die Küche getragen. Dann war da plötzlich ein Stuhl, den habe ich nicht gesehen, und alle Teller waren auf dem Boden. Es war schrecklich. Aber der Chef war nett. Er war gar nicht richtig böse. Ich bin froh, dass das Praktikum vorbei ist.

		richtig	falsch
a	Michelle ist gut in Mathematik, deshalb hat sie gern in der Bank gearbeitet.	☐	☒
b	Michelle zieht gern elegante Kleidung an.	☐	☐
c	Michelle möchte nicht immer nur allein in einem Zimmer arbeiten.	☐	☐
d	Christoph will nach diesem Schuljahr eine Lehre als Tischler machen.	☐	☐
e	Christophs Chef war mit Christophs Arbeit zufrieden.	☐	☐
f	Möbel bauen gefällt Christoph besser als die Schule.	☐	☐
g	Katrin war immer pünktlich in der Arbeit.	☐	☐
h	Katrin hat bei der Arbeit etwas kaputt gemacht.	☐	☐
i	Der Chef hat mit Katrin geschimpft.	☐	☐

17

(24) **Kann Arbeit Spaß machen? Du hörst ein Radio-Interview mit dem Sozialpsychologen Dr. Mengenbach zum Thema. Kreuze dann an, welche Sätze richtig sind, welche falsch.**

Strategie – Vor dem Hören

Lies zuerst die Sätze gut durch. Was meinst du? Welcher Satz ist vielleicht richtig? Welcher Satz ist vielleicht falsch? Markiere diese Sätze mit ✓ (richtig) oder ✗ (falsch).

Zum Beispiel:

In Beispiel a ist Antwort 1 vielleicht falsch: Warum kann man viel Geld verdienen, wenn man einen Beruf wirklich haben will? Das ist seltsam. Dieser Satz ist vielleicht falsch.
Antwort 2 dagegen ist vielleicht richtig.

Hör dann den Text zwei- oder dreimal und achte auf wichtige Wörter.

Zum Beispiel:

Für Beispiel a sind *Geld verdienen*, *glücklich* und *Prüfungen schaffen* wichtige Wörter. Kannst du diese oder ähnliche Wörter im Text hören? Wer sagt diese Wörter? Wie heißen die Sätze im Text genau?

	vor dem Hören	nach dem Hören
a Wenn man einen Beruf wirklich haben will,		
kann man viel Geld verdienen.	✗	☐
wird man auch glücklich in diesem Beruf.	✓	☐
schafft man auch schwierige Prüfungen.	☐	☐
b Wenn es Probleme gibt,		
muss man den Beruf wechseln.	☐	☐
soll man weiter an seine Idee glauben.	☐	☐
soll man zu einem Psychologen gehen.	☐	☐
c Albert Einstein		
hatte Probleme mit seinen Mathematiklehrern.	☐	☐
war in der Schule nicht so gut in Sprachen.	☐	☐
war zuerst nicht zufrieden mit seinem Beruf.	☐	☐
d Claudia Schiffer		
war als Jugendliche gar nicht so besonders hübsch.	☐	☐
war eine sehr gute Schülerin.	☐	☐
war immer schon sehr attraktiv.	☐	☐
e Beethovens Musiklehrer sagte zu seinem Schüler:		
„Du musst mehr üben."	☐	☐
„Du kannst keine Musikstücke schreiben."	☐	☐
„Du schreibst sehr schöne Lieder."	☐	☐

f Wenn man in seinem Beruf glücklich sein will,

muss man viel Glück haben. ☐ ☐

muss man gute Freunde haben. ☐ ☐

muss man viel arbeiten. ☐ ☐

(25) Lies Judiths Tagebucheintrag und ergänze.

❂ schaffen ❂ Ausbildung ❂ Musikerin ❂ Job ❂ verdienen ❂ fleißig ❂

Musik ist mein Leben. Ich will **a** _____ werden. Vor drei Jahren hatte ich diese Idee zum ersten Mal.

Es wird nicht einfach, aber ich möchte es **b** _____. Ich muss eine neue Gitarre kaufen und ich brauche

auch eine gute **c** _____. Ich möchte auf eine Musikschule gehen. Und dann muss ich natürlich

d _____ sein und viel üben. Aber das alles kostet Geld und meine Eltern **e** _____ nicht

so viel. Das weiß ich. Deshalb suche ich zuerst einen **f** _____. Ich brauche Geld für meine neue Gitarre.

(26) „Alles klar?", das Radioprogramm für junge Leute, sucht Jugendliche für ein Interview. Thema: Was willst du werden? Was ist dein Traumberuf? Beantworte die Fragen und schreib einen kurzen Text. Mach dann ein Interview mit einer Freundin / einem Freund.

• Was möchtest du am liebsten werden?

• Wann hattest du das erste Mal diese Idee?

• Was musst du machen, wenn du das schaffen willst?

17

Lernwortschatz

Nomen

Rezept, das, -e
Butter, die (Sg.)
Prüfung, die, -en
Mittagessen, das, –
Ausbildung, die, -en
Erfahrung, die, -en
Welt, die, -en
Chef, der, -s
Klima, das (Sg.)
Salz, das (Sg.)
Glas, das, ¨er
Löffel, der, –
Gabel, die, -n
Gasthaus, das, ¨er
Mensa, die, -s
Würstchen, das, –
Braten, der, –
Nudel, die, -n
Krankenschwester, die, -n
Krankenpfleger, der, –
Beamte, der, -n
Beamtin, die, -nen
Abitur, das (Sg.)
Handwerker, der, –
Flasche, die, -n
Plakat, das, -e
Abfall, der (Sg.)
Müll, der (Sg.)
Chaos, das (Sg.)
Eile, die (Sg.)
Getränk, das, -e
Kindergarten, der, ¨
Sprachkurs, der, -e
Basketball, der, ¨e
Training, das (Sg.)
Gast, der, ¨e

Verben

schaffen
legen
stellen
klappen
braten
backen
liegen
bestellen
studieren
hängen
kaputt machen
stören
rauchen
schimpfen

Adjektive

frisch
früh
fertig
sauber
unpünktlich
leer
faul
fleißig
tolerant

andere Wörter

selbst
pro
sofort
vor allem
jemand
in Eile sein
täglich

Wichtige Wendungen

in einem Restaurant bestellen
Wir möchten gern bestellen.
Ich nehme ...

über Berufspläne sprechen
Ich möchte eine Ausbildung als ... machen.
Ich möchte Tierärztin werden.

sagen, was einen stört
Es stört mich (nicht), wenn jemand immer zu spät kommt.

Alltagssprache
Das ist meine Sache.
Ja ja, ist schon gut.
Ich hasse den Job.
Ich muss weg.

Das kann ich jetzt ...

... gut.   ... mit Hilfe.   Das übe ich noch.

1 Wörter

Ich kann zu diesen Themen sechs Wörter nennen:

a Im Restaurant: *die Gabel,*　　　　　　　　○　　　○　　　○

b Kochen, Tisch decken: *das Salz,*　　　　　○　　　○　　　○

c Berufe und Berufsausbildung:
der Kellner, die Lehre,　　　　　　　　　　○　　　○　　　○

2 Sprechen

a In einem Restaurant bestellen:　　　　　○　　　○　　　○

　　Wir möchten bestellen. Könnten Sie ... bringen?

b Über Berufspläne sprechen:　　　　　　○　　　○　　　○

　　Was möchtest du ... machen? Ich möchte ... werden.
　　Ich möchte eine Lehre/eine Ausbildung ... machen.

c Über Regeln und Probleme im Job sprechen:　○　　　○　　　○

　　Wenn ich zu spät komme, ...
　　Es stört mich, wenn ...

3 Lesen und Hören

Die Texte verstehe ich:

a In neun Monaten zum Spitzenkoch.　(→ KB S. 51)　　○　　　○　　　○

b Das war die Kleine da.　(→ KB S. 55)　　　　　　○　　　○　　　○

c Jobanzeigen　(→ KB S. 57)　　　　　　　　　　○　　　○　　　○

4 Schreiben

Ein Berufsporträt.　　　　　　　　　　　　　○　　　○　　　○

A   Text

A2 **(1)** **Was weißt du noch? Kreuze die richtigen Antworten an.** → KB S. 59

a Ein deutscher Fernsehsender wollte
☐ ein Bauernhaus im Schwarzwald kaufen.
☐ eine Berliner Familie auf eine Zeitreise schicken.
☐ einen Kinofilm im Schwarzwald machen.

b Die Familie Boro musste
☐ drei Monate lang
☐ ein halbes Jahr lang
☐ einen Sommer lang
wie eine Bauernfamilie im Jahr 1902 leben.

c Die Boros durften
☐ nur Radio hören.
☐ nicht auf den Markt gehen und einkaufen.
☐ keine Handys haben.

d Die Boros mussten
☐ jeden Tag Kartoffeln essen.
☐ selbst für ihr Essen und Trinken sorgen.
☐ das Bauernhaus reparieren.

e Die Boros konnten
☐ kein Geld verdienen.
☐ in den drei Monaten sehr viel lernen.
☐ drei Monate lang keine Milch trinken.

B   Wortschatz

Aktivitäten im Alltag

B1 **(2)** **Die Boros sind wieder in Berlin. Löse das Bilderrätsel und ergänze den Text.**

Das Leben in Berlin ist für die Familie Boro einfacher als das Leben im Schwarzwaldhaus.

Sie müssen kein **a** _____ und auch kein **b** _____ machen, sie können einfach

ihre **c** _____ einschalten. Sie müssen auch keine Kühe, Schweine und Hühner,

sondern nur ihre Katze **d** _____. Sie können auf ihrem Herd und in ihrer

 e _____ kochen. Das Geschirr müssen sie nicht **f** _____, sondern können es einfach in den [image] g _____ stellen.

Wenn sie die Wohnung in Ordnung bringen, brauchen sie keinen [image] h _____. Sie können einfach

mit ihrem Staubsauger [image] i _____. Sie müssen kein Gemüse im Garten

[image] j _____, sondern können im Supermarkt einkaufen. Am Abend können sie fernsehen,

und wenn sie Licht brauchen, gibt es in jedem Zimmer einen [image] k _____.

B1 **3** **Hör zu. Welche neun Hausarbeiten nennen die Jugendlichen?** 🔊 **1** 33

a ___ _s_ _c_ _h_ ___ ___ ___ _w_ ___ ___ ___ ___ ___   f ___ ___ _a_ _u_ ___ _s_ ___ ___ ___ ___

b ___ _o_ ___ ___ ___ ___   g ___ ___ _t_ _t_ ___ ___ ___ _c_ _h_ ___

c ___ ___ ___ _k_ ___ ___ ___ ___   h ___ ___ ___ ___ _e_ _r_ ___ ___ ___ _r_ ___ ___ ___ ___

d _p_ ___ ___ ___ ___ ___ ___   i ___ _ä_ ___ ___ ___ ___ ___ _w_ ___ ___ ___ ___ ___

e ___ _o_ ___ ___ ___ ___ _h_ ___ ___ ___ ___

B1 **4** **Hör noch einmal. Wer muss welche Arbeit machen? Schreib Sätze.** 🔊 **1** 33

a *Maria muss* ....

b *Silvia muss* ....

c *Caro muss* ....

B1 **5** **Wer macht bei dir zu Hause welche Hausarbeiten?**

a *Mein Bruder* ....

b *Meine Schwester* ....

c *Mein Vater* ....

d *Meine Mutter* ....

e *Meine Großmutter* ....

f *Mein Großvater* ....

g *Ich* ....

18

C Grammatik

Präteritum von *müssen, können, dürfen ...*

C1 **6** **Schreib die Präteritumformen in die richtige Zeile und ergänze das Präsens.**

> ✪ ~~konnte~~ ✪ wollten ✪ musste ✪ konntest ✪ durften ✪ musstest ✪ musstet ✪
> ✪ konnten ✪ sollten ✪ wolltet ✪ durfte ✪ mochte ✪ solltest ✪ durftest ✪ mochtet ✪
> ✪ durftet ✪ mussten ✪ mochtest ✪ sollte ✪ wollte ✪ wolltest ✪ mochten ✪ solltet ✪

	Präsens (jetzt)	Präteritum (früher)
ich, er, es, sie, man	kann,	konnte,
du		
wir, sie/Sie		
ihr		

C1 **7** **Präsens oder Präteritum? Lies die Dialoge und unterstreiche die richtigen Formen.**

a ☉ Warum warst du gestern nicht auf der Party?
◆ Ich musste | muss noch Hausaufgaben machen, ich kann | konnte nicht kommen.

b ☉ Kann | Konnte dein kleiner Bruder schon schwimmen?
◆ Vor einem Jahr kann | konnte er es noch nicht, aber jetzt konnte | kann er sehr gut schwimmen.

c ☉ Wir wollen | wollten im Park Fußball spielen, komm doch mit.
◆ Nein, ich konnte | kann nicht, ich muss | musste noch einkaufen.

d ☉ Müsst | Musstet ihr morgen noch für euer Konzert üben?
◆ Nein, wir mussten | müssen nicht mehr üben, das Konzert war letztes Wochenende.

e ☉ Will | Wollte deine Schwester noch immer Krankenschwester werden?
◆ Vor einem halben Jahr will | wollte sie das noch, aber jetzt wollte | will sie Architektur studieren.

f ☉ War dein Bruder auch auf der Party?
◆ Nein, mein Bruder darf | durfte nicht mitkommen. Er muss | musste zu Hause bleiben.

g ☉ Du nimmst sicher keinen Fisch, du magst Fisch ja nicht.
◆ Doch, früher mag | mochte ich Fisch nicht, aber jetzt mochte | mag ich ihn sehr gerne.

h ☉ Warum warst du nicht bei Claudia? Du solltest | sollst doch mit ihr Deutsch lernen.
◆ Ja, aber wir konnten | können nicht lernen. Claudia war krank.

C1 **8** Ergänze die Formen von *können* und ordne die richtigen Zeitangaben zu.

> ☯ nach dem Sommerurlaub am Meer ☯ ~~nach der Fernsehserie „Schwarzwaldhaus 1902"~~ ☯
> ☯ nach ein paar Stunden Üben ☯ nach meinem Sprachkurs in Madrid ☯
> ☯ nach zwei Wochen Krankengymnastik ☯ nach dem Computerkurs ☯

a Die Boros *konnten* keine Kühe melken und kein Holz und keine Butter machen, *nach der Fernsehserie* *„Schwarzwaldhaus 1902"* *können* sie jetzt ohne Probleme auf jedem Bauernhof leben.

b Gestern _____ wir noch keinen Handstand machen, aber _____

_____ wir jetzt sogar auf den Händen gehen.

c Meine Großmutter _____ die Wörter E-Mail und Internet nicht verstehen, aber _____

_____ sie jetzt im Internet surfen und E-Mails schreiben.

d Ich _____ kein Wort Spanisch verstehen, aber _____

_____ ich jetzt sogar die Zeitung auf Spanisch lesen.

e Mein Großvater _____ nicht mehr richtig gehen, aber _____

_____ er jetzt wieder jedes Wochenende in den Bergen wandern.

f Mein Cousin _____ nicht schwimmen, aber _____

_____ er jetzt tauchen und schwimmen wie ein Fisch.

C2 **9** Laura war Kandidatin bei einer Realityshow. Lies das Interview und ergänze das richtige Modalverb im Präteritum.

☉ Laura, du (*sollen* | *dürfen*) *durftest* bei einer Realityshow mitmachen. Wie war das?

◆ Es war interessant, aber ich möchte so etwas nicht noch einmal machen.

☉ Wie waren denn die Regeln?

◆ Wir waren acht Kandidaten und wir (*müssen* | *wollen*) _____ vier Monate lang zusammen in einer kleinen Wohnung wohnen. Kameras in der Wohnung (*dürfen* | *wollen*) _____ alles filmen, und die Fernsehzuschauer (*können* | *müssen*) _____ alle unsere Aktivitäten sehen.

☉ Warst du da nicht sehr nervös?

◆ Ja, am Anfang (*mögen* | *sollen*) _____ ich die Kameras überhaupt nicht, aber später war das dann kein Problem mehr.

☉ (*dürfen* | *müssen*) _____ ihr die Wohnung nie verlassen?

◆ Nein, ich (*wollen* | *müssen*) _____ schon nach einer Woche einmal hinaus und spazieren gehen, aber wir (*dürfen* | *wollen*) _____ nicht.

☉ Du (*dürfen* | *mögen*) _____ nicht vier Monate lang bleiben, du (*müssen* | *sollen*) _____ die Show schon nach acht Wochen verlassen. Warum?

◆ Das haben die Fernsehzuschauer so entschieden. Wir (*wollen* | *müssen*) _____ jede Woche zwei Namen nennen, und die Fernsehzuseher (*können* | *wollen*) _____ dann entscheiden, wer aufhören muss.

⊙ War es nicht manchmal sehr langweilig in der Wohnung?

◆ Nein, eigentlich nicht, wir (*müssen* | *mögen*) .... jeden Tag verschiedene Aufgaben lösen, das

war schon okay. Aber ich (*müssen* | *mögen*) .... dann das Leben in der Gruppe nicht mehr. Zwei

Typen (*wollen* | *dürfen*) .... immer besonders cool sein, alles für die Zuschauer natürlich. Das

war sehr peinlich. Nach zwei Wochen war für mich alles vorbei. Das war gut so.

C2 **(10)** **Was *sollte* Julian am Sonntag tun, was *wollte* er tun? Zeichne Smileys und schreib sechs Sätze.**

a um acht Uhr aufstehen ☹   bis 10:00 Uhr schlafen ☺

Julian sollte um acht Uhr aufstehen, aber er wollte lieber ....

b mit Freunden Fußball spielen ⊙⊙   bei der Gartenarbeit helfen ☹

Er wollte .... *, aber* ....

c Hausaufgaben machen ⊙⊙   einen Krimi lesen ⊙⊙

....

d sein Fahrrad reparieren ⊙⊙   das „Dschungelcamp" sehen ⊙⊙

....

e ins Kino gehen ⊙⊙   Gitarre üben ⊙⊙

....

f für den Geschichtetest lernen ⊙⊙   mit Jenny tanzen gehen ⊙⊙

....

C2 **(11)** **Ergänze die Dialoge mit den richtigen Modalverben und den Informationen in der Tabelle.**

	mit sieben Jahren	heute
Jule	Zirkusartistin werden (wollen) Wiener Schnitzel (mögen)	Medizin studieren (wollen) Fleisch (nicht mögen)
Stefan	fernsehen (nicht dürfen) Zahnspange tragen (müssen)	Spielfilme (mögen)
Nina + Katja	Rad fahren (nicht können)	Einrad fahren (können)

a Stefan: Was *wolltest* du mit sieben Jahren ...., Jule?

      Jule: Ich glaube *Zirkusartistin* . Ja, ich ....

      Stefan: Und heute?

      Jule: Heute .... ich ....

b Jule: Ich war gestern beim Zahnarzt. Er hat gesagt, ich .... ein Jahr lang eine Zahnspange

                ....

      Stefan: Das ist nicht so schlimm. Ich .... früher auch einmal eine ....

c Jule: Siehst du gern fern, Stefan?

Stefan: Früher _____ ich nie _____, aber heute sehe ich fast jeden Tag

meine Lieblingsserie. Und ich _____.

d Frau Berger: Isst du kein Fleisch, Jule?

Jule: Nein, _____ _____ ich nicht. Ich bin Vegetarierin. Ich esse kein Fleisch.

Frau Berger: Aber als Kind _____ du _____. Das war deine Lieblingsspeise, oder?

Jule: Ja, _____ ich früher sehr gern.

e Stefan: Ihr _____ super Einrad fahren, wo habt ihr das gelernt?

Nina: Im Sommer, in einem Zirkuskurs. Vor ein paar Jahren _____ wir noch überhaupt nicht

_____ _____.

Katja: Und heute _____ wir sogar _____ _____. Toll, oder?

Aussprache

(12) **Welche Buchstaben fehlen hier? Ergänze und hör dann zu und sprich nach.** 🔊 ❶ 34

si☐er   na☐   ☐ina   wirkli☐   besu☐en   mo☐te   au☐   mi☐

ko☐en   glei☐   ni☐t   pünktli☐   ☐ance   Kü☐e   eu☐   ☐emie

(13) **Wann spricht man *ch* wie in *ich*, wann wie in *nach*? Ordne die Wörter aus Übung 12**
in die richtige Spalte und ergänze die Regel.

ch wie in „ich"	**ch** wie in „nach"
gleich,	doch,

Regel: Nach i, e, ei, eu, ü, ö spricht man ch wie in _____.

Nach a, o, u, au spricht man ch wie in _____.

Manchmal spricht man ch auch wie k oder sch.

(14) **Ergänze die Dialoge mit den Wörtern aus Übung 12 in der richtigen Form.** 🔊 ❶ 35
Ordne Fragen und Antworten zu. Hör zu und sprich nach.

a M_____ du den Film gestern?

b Be_____ du m_____ au_____ si_____?

c War Silvia p_____?

d Gefällt eu_____ der neue Ch_____lehrer?

1 Na ja, geben wir ihm eine Ch_____.

2 Ja, sie ist schon in der K_____ und k_____.

3 Ja, klar! G_____ n_____ der Schule.

4 Den Film über Ch_____? Nicht w_____.

D Hören: Alltagssprache

D2 **15** Sarah spricht mit ihrem Großvater. Wer sagt was? → KB S. 63
Welche Aussagen passen? Ordne zu.

a Sarah „repariert" Großvaters Handy.

b Sarahs Großvater findet, dass das Leben früher einfacher war.

c Sarah vergleicht das Leben früher und heute.

d Sarahs Großvater findet, dass Sarah zu viele Schulaktivitäten hat.

e Sarah findet, dass Fernseher, Computer, CDs, DVDs und CD-ROMs das Leben interessanter machen.

1 „Weniger Hausaufgaben und weniger Verkehr? Klingt nicht schlecht. Andererseits aber auch kein Moped, kein Handy und kein Computer, man kann halt nicht alles haben."

2 „Warte, einen Moment, das haben wir gleich. … So, das war's. Jetzt geht es wieder."

3 „Du bist ja dauernd unterwegs. … Wir hatten viel mehr Freiheiten."

4 „Früher war das Leben aber auch viel langweiliger."

5 „Alles wird immer komplizierter. Als alter Mensch kommt man da nicht mehr mit."

D2 **16** Ordne zu und ergänze den Dialog.

man kann nicht …	… wir gleich
Ich komme da …	… wird komplizierter
Alles …	… war's
das haben …	… nicht mehr mit
du bist ja dauernd …	… alles haben
So, das …	… unterwegs

Oma: Tom, mein Computer funktioniert schon wieder nicht.

Tom: Ach, das ist kein Problem, **a** ....

Oma: Das ist heute schon das zweite Mal, dass dieses neue Programm nicht funktioniert.

   b ...., das ist schrecklich.

Tom: Es ist gar nicht so kompliziert. … **c** .... Schau, ich bin schon fertig.

Oma: Ich verstehe diese neuen Programme nicht. **d** ....

Tom: Wenn es Probleme gibt, ruf mich einfach an. Ich helfe dir gern.

Oma: Aber du hast ja auch keine Zeit, **e** ....

Tom: Na ja, ich muss in die Schule und jetzt trage ich auch noch Zeitungen aus, da bleibt nicht viel Freizeit.

   Aber *man kann nicht alles haben*, und für dich habe ich immer Zeit, das ist kein Problem.

Grammatik

Nebensätze mit *dass* und *weil*

Lerntipp – Grammatik

Nebensätze mit *dass* findest du oft in diesen Situationen:
- Was hat jemand gesagt, erzählt usw.?
  Sarah hat gesagt, dass ...
- Wie denkt jemand über eine Situation?
  Moritz glaubt, dass ... / ... ist sicher, dass ... / ... meint, dass ...
- Wie ist eine Situation?
  Es ist schön / interessant / seltsam / ..., dass ...

E1 **(17)** **Was ist richtig? Weißt du es sicher? Schreib Sätze mit *dass* ...**

a Die Hauptstadt von Finnland ist Helsinki | Oslo.

Ich bin sicher, dass

oder: *Ich glaube, dass*

b Schumann war ein deutscher Musiker | Schauspieler.

....

c $a^2+b^2=c^2$ ist der Satz von Pythagoras | Aristoteles.

....

d Claudia Schiffer ist von Beruf Model | Musikerin.

....

e Österreich ist größer | kleiner als die Schweiz.

....

f Brötchen heißen in der Schweiz | in Österreich Semmeln.

....

E1 **(18)** **Wer sagt was? Finde die Person und schreib Sätze mit *dass*.**

a Früher war das Leben viel einfacher.

b Vielleicht kommt Pedro auch zu unserer Party.

c Alles ist heute teurer als früher.

d Das Christkind bringt die Geschenke zu Weihnachten.

e Meine Katze ist weg.

f Unsere Mannschaft hat 4:0 gewonnen.

1 *Frau Müller meint, dass*

....

2 *Moritz glaubt, dass*

....

3 *Julian findet es toll, dass*

....

4 *Herr Bauer ist sicher, dass*

....

5 *Sina hofft, dass*

....

6 *Mona findet es traurig, dass*

....

E2 **(19)** Warum nicht? Finde für jede Frage drei passende *weil*-Antworten.

a Warum willst du den Film nicht sehen?

Weil ich kein Geld für die Kinokarte habe.

....

....

b Warum willst du nicht auf die Party gehen?

....

....

....

c Warum willst du den Pullover nicht anziehen?

....

....

....

d Warum warst du gestern nicht in der Schule?

....

....

....

- ○ Ich habe kein ~~Geld für die Kinokarte~~.
- ○ Sabine kann nicht kommen.
- ○ Ich bin nicht eingeladen.
- ○ Ich mag keine Krimis.
- ○ Es ist heute viel zu warm.
- ○ Er ist zu eng.
- ○ Mir gefallen die Schau-spieler nicht.
- ○ Ich war krank.
- ○ Die Farbe gefällt mir nicht.
- ○ Meine Mutter hat mich nicht geweckt.
- ○ Ich tanze nicht gern.
- ○ Ich musste zum Arzt.

E2 **(20)** Ordne zu und schreib Sätze mit *weil*. Wenn du Probleme hast, kannst du die Informationen zu den Personen in den Lektionen 13 bis 18 im Kursbuch finden.

a Realityshows sind oft peinlich.	**1** Das Wetter am Mount McKinley ist schlecht. → L14
b Die Boros konnten im Schwarzwaldhaus nicht telefonieren.	**2** Sie hat die Aufnahmeprüfung bei Jamie Oliver geschafft. → L17
c Laura darf eine Ausbildung in einem Koch-College machen.	**3** Er hat kein Abitur. → L17
d Stefan kann nicht Medizin studieren.	**4** Lukas hat Flaschen kaputt gemacht. → L17
e Herr Huber ist böse.	**5** Die Stürme machen das Meer dort sehr gefährlich. → L14
f Torsten S. und Jürgen H. sind im Gefängnis.	**6** Markenkleidung ist viel zu teuer. → L13
g Amita ist wütend.	**7** Sie durften keine Handys mitnehmen. → L18
h Frank Baumgartner und seine Freunde müssen in ihrem Zelt warten.	**8** Die Kandidaten müssen oft dumme Dinge tun. → L18
i Karins Eltern kaufen nur Kleidung im Sonderangebot.	**9** Ihre Schwester hat ihren Brief gelesen. → L15
j Viele Schiffe sind vor Kap Hoorn untergegangen.	**10** Sie sind Hochstapler. → L16

a <u>Realityshows sind oft peinlich, weil die Kandidaten oft dumme Dinge tun müssen</u> .

b ....

c ....

d ....

e ....

f ....

g ....

h ....

i ....

j ....

E2 **(21)** **Schreib fünf der *weil*-Sätze aus Übung 20 auch mit *deshalb*.**

warum?

Realityshows sind oft peinlich, **weil** die Kandidaten dumme Dinge tun müssen.

warum?

Die Kandidaten müssen oft dumme Dinge tun. **Deshalb** sind Realityshows oft peinlich.

a ....

b ....

c ....

d ....

e ....

Lerntipp – Grammatik

Wörter wie *weil, deshalb, dass, aber* geben dem Satz bestimmte Regeln.

Zum Beispiel:

- Nach *weil, wenn, dass* usw. stehen alle Verben am Satzende:

  *Herr Huber ist böse, **weil** die Flaschen kaputt **sind**.*

- Nach *und, aber, oder* und *sondern* steht ein normaler Aussagesatz:
  *Sie ruft ihren Hund, **aber** er kommt nicht.*

- *Deshalb* kann wie *dann* oder *heute* an verschiedenen Positionen im Satz stehen.

Notiere diese Regeln zusammen mit den Wörtern in deinem Vokabelheft.

Zum Beispiel:

dass

und (+ Aussagesatz)

deshalb (wie heute, dann usw.)

18

Finale: Fertigkeitentraining

22 **Lies den Text. Finde dann die sieben Fragen und schreib Antworten.**

Strategie – Beim Lesen

Lies den Text einmal schnell und beantworte dann für dich die fünf W-Fragen:
Wer? Was? Wann? Wie? Warum?

Zum Beispiel:

Wer?   → deutsche Auswanderer, ARD, ...

Was?   → nach Amerika segeln, Fernsehsendung machen, ...

Wann? → früher und heute

Wie?   → mit einem Segelschiff

Warum? → ...

Lies dann die Fragen, unterstreiche die Fragewörter und such die Antworten im Text.

„Windstärke 8" – Eine Zeitreise ins Jahr 1855

1 Der kürzeste Weg ist nicht immer der schnellste, vor allem
2 nicht für ein Segelschiff aus dem 19. Jahrhundert. Circa zehn
3 Wochen braucht ein Segelschiff für die Reise von Bremerhaven
4 in Norddeutschland nach New York in den USA: Die Route
5 führt zuerst in den Süden bis zu den Kapverdischen Inseln, dann
6 mit dem Passatwind nach Westen und von den Bermudas in den
7 Norden bis nach New York City. Viele deutsche Segelschiffe
8 haben im 19. Jahrhundert diese Route gewählt.
9 So haben sie damals circa 500.000 deutsche
10 Auswanderer nach Amerika gebracht. Bauern,
11 Handwerker und Kaufleute, sie alle wollten
12 in Amerika ein neues und besseres Leben
13 beginnen.

14 Der deutsche Fernsehsender ARD hat nun
15 wieder ein Segelschiff auf diese Reise
16 geschickt. Kapitän Temme und seine Mannschaft sind zehn
17 Wochen lang mit achtzehn „Auswanderern" auf der „Bremen"
18 nach Amerika gesegelt. Ein Fernsehteam war mit an Bord. Die

19 älteste Passagierin war 62 Jahre alt, der jüngste Passagier nicht
20 einmal ein Jahr. Die Mannschaft und die Passagiere mussten
21 auf dem Schiff genauso arbeiten und leben wie die deutschen
22 Auswanderer im 19. Jahrhundert. So musste auch der Speiseplan
23 wie auf den Auswandererschiffen im 19. Jahrhundert aussehen:
24 Zu Beginn konnte der Schiffskoch noch mit frischem Obst
25 und Gemüse kochen, später mussten die Passagiere Salzfleisch
26 und Trockenobst essen. Zuletzt sollten auch
27 sechs Hühner und fünf Hasen auf den Speise-
28 plan kommen. Doch Leonie (11), Lilli (9) und
29 Johannes (11) waren dagegen. Die „Kinder-
30 bande" auf der „Bremen" wollte ihre Haus-
31 tiere nicht verlieren.

32 Das Zuschauerinteresse für die Fernseh-
33 sendung war groß. 5.000 Kandidaten wollten
34 die Reise auf der „Bremen" mitmachen, Tausende haben die
35 Sendung gesehen. Bei der ARD ist man zufrieden: „So macht
36 Geschichtsunterricht Spaß!"

Fragen

a Wie lange hat im 19. Jahrhundert die Reise ...	... mit der Sendung zufrieden?
b Warum sind im 19. Jahrhundert 500.000 Deutsche ...	... hatte Kapitän Temme auf dem Schiff?
c Warum hat der Fernsehsender ARD ...	... nach Amerika gesegelt?
d Wie viele Passagiere ...	... Probleme mit dem Speiseplan?
e Wie waren die Regeln ...	... für die Mannschaft und die Passagiere auf der „Bremen"?
f Warum hatten die Kinder ...	... die „Bremen" nach Amerika geschickt?
g Warum ist man beim Fernsehsender ARD ...	... von Deutschland nach Amerika gedauert?

Antworten

a ....

b ....

c ....

d ....

e ....

f ....

g ....

(23) Lukas, Lea und Conny sprechen über Realityshows. Hör zu und beantworte die Fragen. 🔊 ① 36
Schreib Sätze mit _weil_ und _dass_.

> ❷ Die Situationen sind manchmal ganz lustig. ❷ ~~Realityshows sind furchtbar.~~ ❷
> ❷ Man bekommt wochenlang kein normales Essen. ❷
> ❷ Man lernt etwas über das Leben früher. ❷ Die Kandidaten sind peinlich. ❷
> ❷ Sie wird seekrank. ❷ Nicht alle Realityshows sind schlecht. ❷ Das ist toll. ❷

a Was denken Lea und Conny über Realityshows?

Conny findet, dass Realityshows furchtbar sind.

Lea findet, dass ....

b Warum sieht Lukas ganz gern „Das schaffst du!"?

Weil ....

c Warum findet Conny „Das schaffst du!" schrecklich?

Weil ....

d Warum findet Lea „Windstärke 8" gut?

Weil ....

e Warum möchte Lukas bei „Windstärke 8" mitmachen?

Weil ....

f Warum möchte Lea nicht bei „Windstärke 8" mitmachen?

Weil ....

g Warum möchte Conny nicht bei „Windstärke 8" mitmachen?

Weil ....

18

(24) Wie findest du Realityshows? Beantworte die Fragen und schreib einen kurzen Text für die Schülerzeitung.

Unsere aktuelle Umfrage: Magst du Realityshows?
Ich sehe gern Serien. Realityshows mag ich nicht, weil ich sie alle langweilig finde. Eine gute Geschichte ist doch viel interessanter als so eine Show. Deshalb kenne ich auch nur wenige Realityshows.

Nico, 16

⊙ Welche Fernsehsendungen siehst du gerne?

◆ *Ich sehe oft* ....
Meine Lieblingssendung ist ....

⊙ Welche Realityshows kennst du?

◆ *Ich kenne* ....
Die Kandidaten müssen ....

⊙ Siehst du gern Realityshows? Warum/Warum nicht?

◆ *Ich finde, dass* ....
Ich sehe gern ...., *weil* ....

⊙ Möchtest du bei einer Realityshow mitmachen? Warum/Warum nicht?

◆ *Ich möchte* ...., *weil* ....

Lernwortschatz

Nomen
Sorge, die, -n ....
Lebensmittel, das, – ....
Geschichte, die (Sg.) ....
Fernseher, der, – ....
(Fernseh-)Sendung, die, -en ....
Feuer, das, – ....
Heizung, die, -en ....
Licht, das, -er ....
Lichtschalter, der, – ....
Dorf, das, ⸚er ....
Motor, der, -en ....
E-Mail, die, -s ....

Verben
beantworten ....
abgeben ....
verbieten ....
erlauben ....

Adjektive
romantisch ....
unerträglich ....
klar ....
streng ....
modern ....
getrennt ....
scheußlich ....
widerlich ....
berühmt ....
kompliziert ....

andere Wörter
anders ....
früher ....
plötzlich ....

Wichtige Wendungen

den Tagesablauf beschreiben
Ich stehe immer um ... Uhr auf.

das Leben früher und heute vergleichen
Früher musste man Feuer machen.
Heute schaltet man das Licht ein.

seine Meinung äußern
Das finde ich auch.
Ich stimme zu.
Das stimmt sicher nicht.

Alltagssprache
Ich komme da nicht mehr mit.
Das haben wir gleich.
Du bist ja dauernd unterwegs.
So, das war's.

Das kann ich jetzt ...

	... gut.	... mit Hilfe.	Das übe ich noch.

1 Wörter

Ich kann zu diesen Themen sechs Wörter nennen:

	... gut.	... mit Hilfe.	Das übe ich noch.
a Hausarbeit: *Staub saugen,*	○	○	○
b Tagesablauf: *aufstehen,*	○	○	○

2 Sprechen

a Den Tagesablauf beschreiben: *Ich stehe immer um ... auf. Dann ...*	○	○	○
b Das Leben früher und heute vergleichen: *Früher musste man ... Man durfte nicht ... Heute kann man ....*	○	○	○
c Begründen, warum etwas nicht funktioniert: *Das Handy funktioniert nicht, weil ...*	○	○	○

3 Lesen und Hören

Die Texte verstehe ich:

a Plötzlich waren Streichhölzer wichtig → KB S. 59	○	○	○
b Realityshows → KB S. 62	○	○	○
c Das hatten wir alles nicht! → KB S. 63	○	○	○
d Das Einkaufszentrum → KB S. 65	○	○	○

4 Schreiben

Einen Text für die Schülerzeitung: Dein Leben früher und heute.	○	○	○

A Text

A1 **1** **Finde die Sätze und ordne sie chronologisch.** → KB S. 67

☐ Bald holten die Trainer ...	... und schließlich auch den Skiweltcup gewinnen.
☐ Die Ärzte operierten sieben Stunden lang ...	... ihn ins österreichische Nationalteam.
☐ Er konnte ein Rennen nach dem anderen ...	... wieder auf seinem Trainingsfahrrad.
☐ Doch dann hatte Hermann Maier ...	... einen schweren Unfall.
1 Mit drei Jahren bekam ...	... bei einem Weltcuprennen in Kitzbühel das Comeback.
☐ Zwei Jahre nach seinem Unfall schaffte er ...	... und konnten sein Bein retten.
☐ Schon zwei Wochen später fuhr Hermann Maier ...	... Hermann Maier seine ersten Skier.

B Wortschatz

Unfälle, Krankheiten

B1 **2** **Schreib die Körperteile mit Artikel und Pluralsignal an die richtige Stelle.**

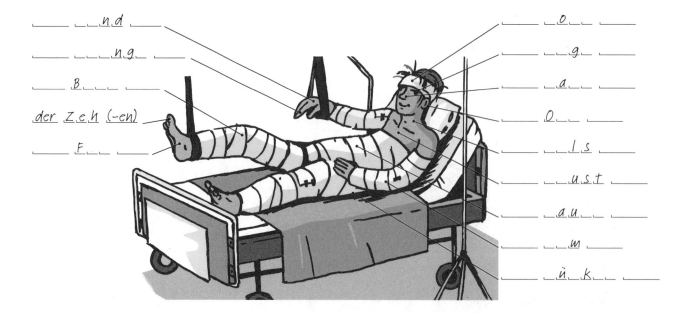

_____ __ n d _____

_____ ____ n g _____

_____ B ____

der Zeh (-en)

_____ F ____

_____ o ____

_____ ___ g ___

_____ __ a ___

_____ O ___

_____ __l s ___

_____ ___ u s t ___

_____ ___ a u ___

_____ ___ m

_____ __ ü __ k ___ ___

B1 (3) **Schmerzen und Hilfe. Finde die Wörter und ordne zu. Ergänze.**

unfallgestürztfieberblutetbewegenkopfschmerzengebranntgebrochen
salbepflasterkrankenhauskrankenwagenmedikamentgipsverband

Unfälle, Schmerzen	Hilfe
Ich habe _ _ p f _ c h m _ _ z _ _ , ...	... er bekommt einen _ _ p _ .
Er kann sein Bein nicht _ _ w _ g _ n, es ist _ e b _ _ _ _ _ _ , ...	... ich brauche ein _ _ d _ _ _ m _ _ t.
Ihr Arm _ l u _ _ t, ...	... wir müssen einen _ _ a n _ _ _ _ _ g _ _ rufen.
Da war Feuer. Ihre Hose hat _ _ b r _ _ _ _ t, ...	Hast du ein _ _ l _ _ t _ _ ?
Da war ein _ _ f _ _ l, ...	... sie braucht einen _ _ _ b _ n _ .
Ich bin _ _ s t _ _ z t, mein Knie tut weh.	... sie braucht eine _ _ _ b e.
Meine Schwester hat hohes _ i _ b _ _ , ...	... vielleicht muss sie ins _ r _ _ _ _ _ h _ _ s.

B1 (4) **Was ist passiert? Sieh die Zeichnungen an. Schreib eine Geschichte.**

 Freunde am Fluss treffen — *Ich habe meine Freunde am Fluss getroffen.*

Skateboard fahren — *Wir sind* ....

 einen „Ollie" probieren — ....

stürzen — ....

 der Arm wehtun — ....

nicht bewegen können — ....

 ins Krankenhaus fahren — ....

einen Gips bekommen — ....

B1 (5) **Hör zu und kreuze die beiden richtigen Antworten an.** 🔊 **2** 1
Wie ist der Unfall passiert und wo war Tim zum Schluss?

☐ beim Eislaufen   ☐ im Garten   ☐ beim Pizzabacken   ☐ im Krankenhaus

B1 (6) **Hör noch einmal. Finde die Schlüsselwörter für die Hörgeschichte im Kasten und ordne** 🔊 **2** 1
die anderen Wörter für die zweite Unfallgeschichte.

> ✪ im Bett bleiben, Tee trinken und Medikamente nehmen ✪ einen Verband machen ✪ bluten ✪
> ✪ im Winter auf dem See eislaufen ✪ ins kalte Wasser fallen ✪ gemeinsam Pizza backen ✪
> ✪ zum Krankenhaus fahren ✪ nach Hause gehen ✪ Gemüse schneiden ✪ mit Sophie sprechen ✪
> ✪ auf dem Eis einbrechen ✪ einen Schnupfen und Fieber haben ✪ ein Teil vom Finger weg sein ✪

Geschichte 1 (Hörgeschichte)	Geschichte 2

B1 (7) **Schreib Geschichte 1 oder Geschichte 2.**

Tim hat mit seinen Freunden ....

....

....

....

Lina ist auf dem See ....

....

....

....

Aussprache

8 Wann hörst du *h* am Wortanfang? Kreuze an. 🔊 **2** 2

	a	b	c	d	e	f	g	h	i	j
h	☐	☐	☐	☐	☐	☐	☐	☐	☐	☐
kein *h*	☐	☐	☐	☐	☐	☐	☐	☐	☐	☐

9 Hör zu und sprich nach. 🔊 **2** 3

Hund – und   Hals – als   Herr – er   haben – Abend

Haus – aus   Honig – ohne   hören – Ohren   halten – Alter

10 Wo passen die Sätze in den Text? Ergänze, hör zu und sprich nach. 🔊 **2** 4

Heute hatte Herr Erik einen Unfall.
Es passierte hier an der Haltestelle.
Herr Erik hat einen Hund als Haustier.

> 1 Ein Helikopter flog Herrn Erik ins Spital.
> 2 Da kamen hundert andere Hunde.
> 3 Sein Hund hatte Hunger.

a ☐ Deshalb holte Herr Erik aus dem Hundegeschäft eine Hundewurst.

b ☐ Herr Erik mit der Hundewurst war ihr Held, ihr Idol. An der Haltestelle stürzte Herr Erik.

c ☐ Der Hund von Herrn Erik hat immer noch Hunger.

C Grammatik

Präteritum mit -*t*-, Präteritum von besonderen Verben

C1 **11** Schreib die Präsensformen.

Präteritum	Präsens		Präteritum	Präsens
er schickte	*er schickt*		Peter glaubte	
wir holten			wir zeichneten	
sie schafften			Herr und Frau Kuhn lebten	
er operierte			es regnete	
du hörtest			ich wartete	
ihr meintet			Susanne bezahlte	

C1 **(12)** **Besondere Verben. Ordne die Zeitungsschlagzeilen den Themen zu
und schreib die Infinitive zu den Präteritumformen.**

Politik	Alltag	Film, Musik, Kunst	Sport
	fuhr – fahren		

Dreizehnjährige wurde Olympiasiegerin!

Skater fuhr schneller als Zug! ✓

Hunderttausend sahen neue Fernsehserie!

Talk im Turm: Thomas Berger sprach mit UNO-Generalsekretär.

Unfall auf der Autobahn: Rettungswagen kamen zu spät!

Weltrekord: Belgier aß 55 Steaks in 4 Stunden.

0:4 im Heimspiel! Die Fans fanden das gar nicht toll.

Amerikanerin lief neuen Weltrekord.

Ärzteskandal: Patienten nahmen falsche Medikamente!

**Nach der Nato-Konferenz:
Politiker riefen Polizei.**

Österreicherin wusste alle Antworten und gewann eine Million Euro.

Starautor schrieb neues Theaterstück.

Politiker trank zu viel! Unfall mit 180 km/h

Schiedsrichter bekam Probleme mit Fans.

> **Lerntipp – Grammatik**
> Besondere Verben ändern im Präteritum den Vokal, zum Beispiel *finden – fand*. Wenn du ein
> Verb im Präteritum nicht verstehst, such das Wort im Wörterbuch. Dort gibt es eine Liste mit
> „unregelmäßigen Verben". In dieser Liste findest du den Infinitiv, das Präteritum und das Partizip.

C2 **(13)** **Unterstreiche die richtige Zeitangabe.**

a   Sophie Scholl studierte 1942 | heute in München.

b   Heute | 2005 besuchen viele Schüler das Sophie-Scholl-Gymnasium in München.

c   Das deutsche Fernsehen zeigt heute | vor einer Woche den Film „Die weiße Rose".

d   Viele Menschen sahen den Film 1982 | nächsten Monat im Kino.

e   2005 | Nächstes Jahr kam der Film „Sophie Scholl – Die letzten Tage" ins Kino.

f   „Die weiße Rose" bekam im Jahr 1983 | nächsten Sommer den Deutschen Filmpreis.

g   Mehr als 14 Schulen in Deutschland tragen heute | in den letzten Jahren den Namen der Geschwister Scholl.

h   Ein Platz in der Stadt Ulm bekam im Jahr 2006 | nächsten Herbst den Namen „Hans-und-Sophie-Scholl-Platz".

i   An der Universität München gibt es seit 1968 | im Jahr 1985 das Geschwister-Scholl-Institut.

D Hören: Alltagssprache

→ KB S. 71

D2 (14) Was weißt du noch? Ergänze die Sätze mit den richtigen Wörtern.

> ✪ Gab es damals schon ✪ So etwas habe ich nicht ✪
> ✪ das heißt ✪ Stell dir vor ✪ denk an ✪ ~~Das finde ich~~ ✪

Julia: **a** _____, meine Mutter hatte sogar ein Poster von ihm in ihrem Zimmer.

Anna: **b** _____ Poster?

Julia: Ja, die 50er-Jahre waren doch nicht die Steinzeit, Anna.
...

Anna: *Das finde ich* ja so blöd!

Julia: Ja, aber **c** _____ Laura in unserer Klasse, die will doch auch immer aussehen wie Heidi Klum, ihr Idol.
...

Julia: Wer ist denn dein Idol, Anna?

Anna: Idol? **d** _____.
...

Anna: Und ihr Vater, **e** _____ mein Urgroßvater, ist aus dem Krieg nicht mehr nach Hause gekommen.

D2 (15) Ergänze den Dialog mit den Redemitteln aus Übung 14.

Manuel: Schau, das Heft ist mehr als fünfzig Jahre alt.

Jakob: **a** _____ Motorradmagazine?

Manuel: Die 60er-Jahre waren doch nicht die Steinzeit, Jakob.

Jakob: Na ja, das Ding auf dem Foto sieht aber ziemlich alt aus.

Manuel: Aber, **b** _____, mein Großvater hatte genau so ein Motorrad, **c** _____ es war in Wirklichkeit ein Moped. Man konnte mit dem Ding nicht schneller als 40 km/h fahren.

Jakob: Übrigens, hast du auch Motorradmagazine?

Manuel: Nein, **d** _____. Mein Großvater hat Motorradhefte gesammelt, der ganze Schrank hier ist voll.

Jakob: **e** _____ so cool.

Manuel: Ich weiß nicht. Ich finde, das braucht alles nur viel Platz.

Jakob: Aber **f** _____ Peter, der hat alle „Computer aktuell"-Hefte von 2008 bis heute, ich finde das super.

E **Grammatik**

obwohl und *trotzdem*

E1 **16** Schreib *obwohl*-Sätze und überlege dann: War das mutig oder dumm? Vergleicht und diskutiert in der Klasse.

mutig (= ohne Angst)	dumm
b,	

a kann – sie – Obwohl – nicht gut schwimmen

Obwohl sie ....
ist sie in den Fluss gesprungen und wollte ihren Hund retten.

b Auch Annas Großmutter wollte Medizin studieren und Ärztin werden,
haben – an der Universität – obwohl – nur Männer – Medizin studiert

obwohl ....

c sie selbst – Obwohl – war – verletzt

Obwohl sie ....
hat sie nach dem Unfall zuerst anderen Personen geholfen.

d Er hat seinem Freund gegen vier Fußballrowdys geholfen,
die Rowdys – obwohl – viel stärker waren

....

e er – Obwohl – Skateboard gefahren – ist – noch nie

....
hat er einen Skateboardtrick probiert und ist gestürzt.

f Christian trägt auch in der Schule oft seine Lederhose,
seinen Freunden – Tracht – obwohl – gefällt – überhaupt nicht

....

g darf – er – Obwohl – noch nicht – Motorrad fahren

....
hat er seine Freundin mit dem Motorrad nach Hause gebracht.

E1 **17** Ordne zu und schreib Sätze mit *obwohl*.

> ✪ ~~regnen~~ ✪ Hand gebrochen sein ✪
> ✪ nicht viele Haare haben ✪ sehr müde sein ✪
> ✪ schlechte Noten haben ✪ verboten sein ✪
> ✪ kein Geld haben ✪ keine Karten haben ✪

a Er möchte schwimmen gehen, obwohl es regnet.

b Sie möchte teure Schuhe kaufen, ...

c Er möchte Basketball spielen, ...

d Er möchte wie George Clooney aussehen, ...

e Er will links abbiegen, _____.

f Er möchte Medizin studieren, _____.

g Sie möchten ins Rockkonzert gehen, _____.

h Er möchte unbedingt den Nachtfilm sehen, _____.

E1 **18** Schreib die Sätze aus Übung 17 mit *trotzdem*.

a *Es regnet. Trotzdem möchte er schwimmen gehen.*

b _____

c _____

d _____

e _____

f _____

g _____

h _____

E2 **19** Er ist glücklich. – Sie ist traurig. Ergänze *er* oder *sie* in den *obwohl*-Sätzen und schreib dann zwei kurze Texte.

a obwohl _____ beim Biologietest keine Frage richtig hatte,

b obwohl die Sonne scheint,

c obwohl _____ die Mathematikhausaufgabe vergessen hat,

d Obwohl _____ zu spät in die Schule gekommen ist,

e obwohl alle in der Schule so nett waren,

f Obwohl _____ heute Geburtstag hat,

g obwohl Martina ein wunderschönes Geschenk für _____ hatte,

h obwohl _____ mit Peter einen Streit hatte,

i obwohl Jakob _____ am Kiosk zu einer Cola eingeladen hat,

Obwohl er zu spät in die Schule gekommen ist, und obwohl
_____
_____
ist er glücklich,
weil er am Nachmittag mit Susanne ins Kino geht.
_____
_____
ist sie traurig,
weil Lukas noch immer nicht angerufen hat.

E2 **20** Schreib einen ähnlichen Text wie in Übung 19 über dich.

Obwohl
obwohl
bin ich heute glücklich / traurig / müde /
weil

21 **Was passt?** *Trotzdem* oder *deshalb / darum*?

a Patrick ist ein Brad-Pitt-Fan. .... sieht er alle Brad-Pitt-Filme.

.... gefällt ihm sein letzter Film überhaupt nicht.

b Sabine fährt sehr gerne Rad. .... möchte sie im Sommer ein Moped kaufen.

Sie fährt .... fast nie mit dem Bus zur Schule.

c Tim spielt sehr gut Tennis. .... hat er gegen Mara verloren.

.... hat er auch das Schulturnier gewonnen.

d Julia kann gut rechnen. .... mag sie Mathematik.

Diese Rechnung kann sie .... nicht lösen.

e Es regnet. .... bleiben wir heute zu Hause.

Sabine fährt .... mit dem Rad zur Schule.

Lerntipp – Grammatik

Wenn du sagen möchtest, warum etwas passiert, hast du verschiedene Möglichkeiten. Vergleiche:

Ich bleibe zu Hause, ^{Warum?}→ *weil* es regnet.   Es regnet. ←^{Warum?} *Deshalb* bleibe ich zu Hause.

Ich bleibe zu Hause, ^{Warum?}→ *denn* es regnet.   Es regnet. ←^{Warum?} *Darum* bleibe ich zu Hause.

Ich bleibe zu Hause. ^{Warum?}→ Es regnet *nämlich*.

Finale: Fertigkeitentraining

22 **Lies den Text und kreuze an. Sind die Aussagen richtig oder falsch?**

Helden im Museum

¹ Die Stadt Worms liegt im Westen Deutschlands, direkt am
² Rhein. Seit 1996 gibt es dort ein besonderes Museum. Alte
³ Bilder oder alte Gegenstände kann man in diesem Museum
⁴ nicht sehen. Trotzdem kommen die Touristen gern. Sie können
⁵ hier eine Geschichte hören und Texte zu dieser Geschichte
⁶ lesen. Das Museum präsentiert die wohl berühmteste
⁷ deutsche Heldensage: die Geschichte von den Nibelungen und
⁸ von Siegfried, dem Drachentöter. Die Siegfried-Sage ist mehr
⁹ als 1.000 Jahre alt. Ein unbekannter Mönch hat sie im 12.
¹⁰ Jahrhundert aufgeschrieben. Er hat die Geschichte so erzählt:

¹¹ Siegfried musste gegen Fafnir, den Drachen, kämpfen.
¹² Nach einem schweren und langen Kampf konnte Siegfried
¹³ den Drachen besiegen. Dann badete er in Fafnirs Blut. Das
¹⁴ Drachenblut machte Siegfrieds Körper hart und stark. Niemand
¹⁵ konnte ihn nun besiegen. Aber auf seinen Rücken war ein
¹⁶ Blatt von einem Baum gefallen. An dieser Stelle konnte man
¹⁷ Siegfried immer noch verletzen. Siegfrieds Frau Kriemhild
¹⁸ wusste von dieser Stelle. Sie zeigte die Stelle Hagen von
¹⁹ Tronje. Doch Hagen war Siegfrieds Feind. Er kämpfte gegen
²⁰ ihn und Siegfried musste sterben.

²¹ Einige Jahre später
²² heiratete Kriemhild den
²³ ungarischen König Etzel.
²⁴ Obwohl sie Etzel liebte,
²⁵ konnte sie Siegfried
²⁶ nicht vergessen. Sie war
²⁷ noch immer traurig und
²⁸ wütend. Sie wollte auch
²⁹ Hagen und seine Freunde
³⁰ sterben sehen. Bei einem großen Fest kam es zu einem Kampf
³¹ zwischen Etzels Männern und Hagens Freunden. Kriemhild,
³² Hagen und sehr viele Männer und Frauen mussten sterben.
³³ Die Nibelungen fanden ein schreckliches Ende.

³⁴ Heute kann wohl niemand mehr in Siegfried oder Hagen von
³⁵ Tronje ein Vorbild sehen. Das 21. Jahrhundert braucht andere
³⁶ Helden, und die Nibelungen sind für uns vielleicht nur noch
³⁷ wie Figuren aus schlechten Actionfilmen. Doch in früheren
³⁸ Jahren hatte die Nibelungengeschichte für viele Musiker,
³⁹ Künstler und auch Politiker eine große Bedeutung. Auch das
⁴⁰ zeigt das „Nibelungen Museum" in Worms.

Siegfried, der Drachentöter

	richtig	falsch
a Das Museum in Worms zeigt Gegenstände aus Siegfrieds Zeit.	☐	☐
b Siegfried kämpfte gegen einen Drachen und trank sein Blut.	☐	☐
c Hagen von Tronje war Siegfrieds Freund.	☐	☐
d Bei einem Kampf gegen Hagen von Tronje starb Siegfried.	☐	☐
e Kriemhild heiratete Etzel. Trotzdem konnte sie Siegfried nicht vergessen.	☐	☐
f Die Nibelungengeschichte fand ein gutes Ende, obwohl Siegfried starb.	☐	☐
g Siegfried ist auch heute noch ein Vorbild.	☐	☐

Strategie – Beim Lesen

Sieh dir die Bilder zum Text an und lies den Titel. Lies dann einmal schnell den ganzen Text. Danach solltest du die Aussagen zum Text genau lesen. Welche Stelle im Text passt zu den Aussagen? Lies diese Textstellen, vergleiche sie und achte auf jedes Wort. Negationswörter (*nicht, kein, nie, niemand* ...) oder Gegenteile (*Freund ↔ Feind*) sind manchmal besonders wichtig.

Zum Beispiel:

Aussage: Das Museum in Worms <u>zeigt</u> *Gegenstände aus Siegfrieds Zeit.*
Im Text steht: Alte Bilder oder *alte Gegenstände* <u>kann man</u> in diesem Museum <u>nicht sehen</u>.
Die Aussage zum Text ist also falsch.

23 Umfrage für die Schülerzeitung: „Wer ist dein Held?" Hör zu und ergänze dann die Tabelle. 🔊 ❷ 5-7

> ○ für eine Idee kämpfen ○ toll Klavier spielen ○ viele Ideen haben ○
> ○ für Greenpeace arbeiten ○ mutig sein ○ für das Fernsehen arbeiten ○
> ○ eine Station für Wölfe bauen ○ witzig sein ○ ... ○

	Held(in) / Idol	Warum?
Situation 1	Fernando	weil er
Situation 2	Hélène	
Situation 3	Stefan	

24 Idole von früher. Frag deine Eltern, Großeltern oder älteren Geschwister:
Wer waren ihre Idole? Schreib einen Text.

Ich habe mit ... gesprochen.   Ihr / Sein Idol war ...   hat in ... gelebt.   Mit ... Jahren hat er / sie ...
Er wollte / konnte / musste ...   Obwohl ..., hat er / sie ...   Er / sie hatte ... . Trotzdem ...

....
....
....
....
....

Lernwortschatz

Nomen

Traum, der, ⸚e ....

Unfall, der, ⸚e ....

Ski, der, -er ....

Operation, die, -en ....

Training, das (Sg.) ....

Hauptschule, die, -n ....

Schmerz, der, -en ....

Fieber, das (Sg.) ....

Philosophie, die, -n ....

Frisur, die, -en ....

Verben

bewegen ....

rufen ....

treffen ....

besichtigen ....

Adjektive

negativ ....

tot ....

egoistisch ....

andere Wörter

als ....

trotzdem ....

nämlich ....

Wichtige Wendungen

von einem Unfall erzählen

Dann bin ich gestürzt.

Ich habe mir das Bein gebrochen.

über Vorbilder und Idole sprechen

Meine Großmutter ist mein Vorbild.

Mahatma Gandhi ist mein Idol.

So etwas habe ich nicht.

Alltagssprache

Stell dir vor, sie hatte sogar ein Bild von ihm.

Gab es damals schon Poster?

Denk an Laura in unserer Klasse.

19

Das kann ich jetzt …

... gut. | ... mit Hilfe. | Das übe ich noch.

1 Wörter

Ich kann zu den Themen sechs Wörter nennen:

a Unfälle: *stürzen,* _____
b Hilfe bei Unfällen: *das Pflaster,* _____

2 Sprechen

a Von einem Unfall erzählen.
Dann bin ich gestürzt. Ich konnte ... nicht bewegen.
... hat einen Krankenwagen gerufen.

b Über Vorbilder und Idole sprechen.
Hast du Vorbilder? ... ist ein Vorbild, weil ...

c Personen oder Dinge umschreiben
Das ist doch dieser / dieses / diese ... Er / Es / Sie ...

d Gegengründe nennen
Obwohl ..., möchte ich ...
Ich weiß, dass es schwierig wird. Trotzdem ...

3 Lesen und Hören

Die Texte verstehe ich:

a Das unglaubliche Comeback (→ KB S. 67)
b Sophie Scholl (→ KB S. 69)
c Die „Weiße Rose" (→ KB S. 70)
d Wer ist dein Vorbild? (→ KB S. 71)
e Helden von heute (→ KB S. 73)

4 Schreiben

Einen Text über dein Vorbild.

einhundertfünf **105** Modul 5

Lasst mich doch erwachsen werden!

A Text

A2 **1** Finde die neun Fehler im Text und korrigiere sie. → KB S. 75

Erwachsenen

In Japan feiert man das Fest „Seijin no Hi", das heißt „Tag der ~~Kinder~~". Die Mädchen und Jungen sollten an diesem Tag einen Kimono tragen. Weil diese traditionelle Kleidung sehr teuer ist, hat jedes Mädchen in Japan einen eigenen Kimono. Das Anziehen und Schminken dauert nicht lange und ist sehr anstrengend. Oft sind die Mädchen schon müde, wenn die Feier beginnt.

Eine spezielle Mutprobe wartet auf die Jungen aus Pentecoste, wenn sie erwachsen werden. Die Väter schneiden im Wald Lianen für ihre Söhne. Dann gehen sie an den Strand. Dort müssen sie auf ein hohes Haus steigen und hinunterspringen. Der Sprung ist sehr gefährlich. Wenn die Liane zu kurz ist, stirbt der Junge vielleicht. Heute kennt man diesen Sport auch in Europa. Er heißt Base-Jumping.

B Wortschatz und Grammatik

Sportarten

B1 **2** Wie heißt die Sportart?

Eishockey

Ortsadverbien

3 Ergänze die Wörter und schreib sie dann ins Bild.

Wo? d r i nn e n ___auß___ ___b___

u_____ ___in_____ vo_____

h___r d___t ___ec_____ _____ks

Wohin? _____au__ _____un_____

h___ei__ _____us

drinnen

4 Ergänze die Dialoge mit dem Gegenteil der rot gedruckten Wörter.

a ☉ Müssen wir hier nach links?

◆ Nein, der Bahnhof ist ....

b ☉ Wir gehen spazieren, kommst du mit?

◆ Nein, ... ist es zu kalt, ich bleibe hier drinnen.

c ☉ Ich glaube, wir müssen hier ....

◆ Bist du sicher? Wenn das nicht stimmt, müssen wir den Berg wieder hinauf.

d ☉ Schau Stockbetten, möchtest du lieber oben oder .... schlafen?

e ☉ Komm schnell, unser Zug wartet schon.

◆ Steigen wir vorne oder .... ein?

f ☉ Deine Katze will wieder ins Haus hinein.

◆ Ja, ich weiß. Vor zwei Minuten wollte sie unbedingt ....

g ☉ Entschuldigen Sie bitte, ist das hier nicht Altbach?

◆ Nein, Altbach liegt ....

5 Ergänze die Wörter und schreib Sätze aus Sportreportagen.
Lies deine Sätze in der Klasse vor. Die anderen raten die Sportart.

a „Vo_____ läuft / schwimmt / fährt ....

Hi_____ kommt .... Wer ist am Ende schneller?"

b Der Spieler darf wieder hi_____ / muss ___naus ....

Der Schiedsrichter .... / Der Trainer ....

c Der Ball ... ist ___auß___ ....

Das Spiel steht .... Das Spiel dauert noch ....

d Hier geht es nach .... _____un_____ .

Vo_____ ....

e Er liegt u___t___ . Sein Gegner ....

reflexive Verben

B2 **6** Ergänze zuerst die Tabelle und dann die folgenden Sätze.

ich	entspanne	*mich*
du	entspannst	
er, es, sie, man	entspannt	⚠
wir	entspannen	
ihr	entspannt	
sie, Sie	entspannen	⚠

a Christina _____ _____ am Pool.

b ☉ Wir _____ _____ am besten vor dem Fernseher.

◆ Nein, ihr _____ _____ am besten, wenn ihr jetzt ins Bett geht.

c Caroline und Klaus _____ _____ am Wochenende in ihrem Ferienhaus am Meer.

d ☉ Wo _____ Sie _____ am besten, Frau Müller?

◆ In der Badewanne.

e ☉ Und wie _____ du _____ am besten?

◆ Ich _____ _____ am besten _____ .

> **Lerntipp – Wortschatz**
> Einige Verben sind „echte" reflexive Verben. Sie <u>müssen</u> immer ein
> Reflexivpronomen bekommen. **Zum Beispiel:** *sich konzentrieren*
> Viele Verben <u>können</u> reflexiv sein. **Zum Beispiel:** *sich waschen*
> Ergänze diese Information bei den Verben in deinem Wortschatzheft.
> **Zum Beispiel so:** *konzentrieren (sich), waschen (auch: sich waschen)*

B2 **7** Was passt? Ordne die Sätze den Zeichnungen zu.

> **a** Er wäscht das Auto.
> **b** Er schminkt sie.
> **c** Er rasiert ihn.
> **d** Sie schminkt sich.
> **e** Er rasiert sich.
> **f** Er wäscht sich.

B2 **(8)** **Was machen die Personen? Hör zu und kreuze die richtigen Sätze an.** 🔊 ❷ 8

a ☐ Yvonne badet ihre Schwester. ☐ Yvonne badet sich.

b ☐ Lukas zieht sich an. ☐ Lukas zieht seinen Bruder an.

c ☐ Ali hat sich verletzt. ☐ Ali hat einen Freund verletzt.

d ☐ Tina muss sich waschen. ☐ Tina muss Wäsche waschen.

e ☐ Dennis ärgert sich. ☐ Dennis ärgert den Englischlehrer.

B2 **(9)** **Ordne zu und schreib die Imperative mit den richtigen Pronomen.**

a ☉ Ich habe eine Zwei im Geschichte-Test.

◆ Dann *freu dich* doch, das ist gut!

b ☉ Ich schaffe diese Rechnung nicht!

◆ .... doch, dann schaffst du sie ganz sicher.

c ☉ Ich bin noch nie geskatet. Aber ich probiere es jetzt aus.

◆ .... nicht, skaten ist wirklich gefährlich.

d ☉ Wir sind so müde.

◆ Dann .... doch ein wenig aus.

e ☉ Ich glaube, es ist heute sehr kalt draußen.

◆ Ja, ... warm an. Und nimm deine Jacke mit.

f ☉ Nächste Woche haben wir unsere Abschlussprüfung.

◆ Dann .... gut vor, die Prüfung ist schwierig.

> ✪ sich konzentrieren
> ✪ sich vorbereiten
> ✪ sich ausruhen
> ✪ sich verletzen
> ✪ sich anziehen
> ✪ ~~sich freuen~~

C Grammatik

lassen, sollte

C1 **(10)** **Ergänze die Formen von *lassen*. Wer denkt oder spricht? Ergänze.**

a Ich *lasse* Petras Katze nicht in unserem Garten spielen. `1`

b Er .... uns am Sonntag nie lange schlafen.

c Sie .... mich Prüfungen in der Hundeschule machen.

d Sie .... mich nicht in ihrem Bett schlafen.

e Er .... sich nicht baden.

f Sie .... mich immer vor dem Supermarkt im Auto warten.

g Wir .... ihn oft im Park frei herumlaufen.

C1 **(11)** **Ergänze die richtige Form von *dürfen*.**

a Ich _____ am Samstag in die Disco gehen.

b Sabrina _____ Toms T-Shirts tragen.

c Wir _____ im Unterricht nicht essen.

d Susanne und Anna _____ am Wochenende bei Susanne eine Party geben.

e Ihr _____ auf meinem Computer eine E-Mail schreiben.

f Meine Mutter _____ nächste Woche drei Tage frei nehmen.

> **Weißt du's noch?**
> → KB S. 128 Modalverben

C1 **(12)** **Wer erlaubt das? Wer verbietet das? Ordne die Personen den Sätzen in Übung 11 zu. Schreib Sätze mit *lassen*.**

> ✪ ~~Meine Eltern~~ ✪ Susannes Eltern ✪ Unsere Lehrer ✪ Die Chefin ✪ Ich ✪ Tom ✪

a *Meine Eltern lassen mich am Samstag in die Disco gehen.*

b _____

c _____

d _____

e _____

f _____

C1 **(13)** **Sag es anders.**

a Ich darf nach Mitternacht keine Musik hören. Meine Eltern verbieten das.

   Meine Eltern lassen mich nach Mitternacht keine Musik hören.

b Martina sieht am Freitagabend immer den Nachtfilm. Ihre Eltern erlauben das.

   _____

c Mein Bruder darf meinen Laptop nicht benutzen. Ich erlaube das nicht.

   _____

d Meine Schwester fährt manchmal mit meinem Fahrrad. Ich finde das o.k.

   _____

e Wir dürfen im Unterricht keine Handys benutzen. Unsere Lehrer verbieten das.

   _____

f Ich darf manchmal mit unserem Auto fahren. Mein Vater erlaubt das.

   _____

C1 **(14)** **Schreib Sätze mit _dürfen_ oder _lassen_.**

a Jugendliche unter 18 – den Film sehen

....

b Meine Eltern – zum Rockkonzert gehen – am Samstag

Meine Eltern lassen mich am Samstag zum Rockkonzert gehen.

c Wir – Museum – Fotos machen

....

d Mein Vater – Fußball spielen – im Garten

....

e Meine Eltern – meine kleine Schwester – in ihrem Bett schlafen – manchmal

....

f Der Kontrolleur – ohne Fahrschein mit dem Bus fahren – Jugendlicher

....

C2 **(15)** **Ergänze die Tabelle und gib Ratschläge für diese Probleme.**

- ✪ zum Arzt gehen
- ✪ keine teuren T-Shirts kaufen
- ✪ früher ins Bett gehen
- ✪ ~~Süßigkeiten essen~~
- ✪ Biologie lernen
- ✪ ihre Freunde einladen
- ✪ seinen Lehrer fragen

ich	_sollte_
du	
er, es, sie, man	
wir	
ihr	
sie, Sie	

a Jan hat schlechte Zähne. _Er sollte nicht so viele Süßigkeiten essen._

b Jonas hat nicht viel Geld. ....

c Silvia ist am Morgen immer müde. ....

d Tim versteht die Hausaufgabe nicht. ....

e Lena hat starke Halsschmerzen. ....

f Mario und Stefan haben morgen einen Test. ....

g Sabrina will nicht alleine Geburtstag feiern. ....

C1 **(16)** Was sollte man tun oder nicht mehr tun, wenn man erwachsen ist? Was meinst du?
Schreib die Fragen und antworte. Ergänze noch zwei Fragen.

a nicht mehr lesen – sollte – man – Welche Bücher || , wenn man erwachsen ist?

Welche Bücher sollte man nicht mehr lesen, wenn man erwachsen ist?

Man sollte nicht mehr Harry Potter, ...

b verdienen – man – sollte – sein erstes Geld – Wann?

c sollte – man – Welche Spiele – nicht mehr spielen || , wenn man erwachsen ist?

d sollte – eigene Kinder haben – man – Wann – ?

e Wie alt – man – sein – sollte || , wenn man heiratet?

f bei den Eltern wohnen – sollte – man – Wie lange – ?

g man – sollte – Wann – seinen Führerschein machen – ?

h wählen dürfen – Wann – sollte – man – ?

i

j

Aussprache

(17) Du hörst immer *f*. Was schreibst du? Ergänze, hör zu und sprich nach. 🔊 **2** 9

☐ reuen ☐ orsichtig ☐ erwandte ☐ euer ☐ erabredet
☐ orbild ☐ erkäu ☐ er ☐ erkehr ☐ erband ☐ alsch
tre ☐ ☐ en positi ☐ ☐ reundlich ☐ ierzig ☐ erbieten

(18) Was hörst du? Unterstreiche. 🔊 **2** 10

Welle – Bälle   Bahn – Wahn   Würste – Bürste   Wand – Band

Bild – wild   wetten – Betten   bald – Wald   Westen – besten

(19) Ergänze die Sätze mit Wörtern aus Übung 18. Hör zu und sprich nach. 🔊 ❷ 11

a ☉ Wohin wollen wir? ◆ Am __ __ st__ __ __ fahren wir nach __ __ __ __ ten.

b Wir wollen bitte keine __ __ ld__ __ __ über den __ __ __ tt__ __ __.

c Wie weit ist es bis zum Babenberger __ __ __ ld?

d Wir wetten, die __ el__ __ __ __ sind viel zu __ i__ __ __ für die Windsurfer.

D Hören: Alltagssprache *Hallo..t es.*

(20) Was weißt du noch? Ordne richtig zu. (→ KB S. 79)

Caroline und Sarah …	… von der Sieben-Meter-Plattform.
Auf dem 10-Meter-Turm …	… Sarah Carolines Computerspiel ausleihen.
Sarah glaubt nicht, …	… sind im Schwimmbad.
Caroline …	… dass Klaus springt.
Wenn Klaus springt, darf …	… wettet mit Sarah.
Wenn Klaus nicht springt, …	… steht Klaus.
Klaus springt …	… bekommt Caroline Sarahs DVD-Player für eine Woche.

(21) Hör noch einmal die Ausschnitte aus dem Dialog im Kursbuch und ordne zu. 🔊 ❷ 12

Tatsächlich?	… vielleicht
nie …	… so ein Angsthase
Du …	… schlecht
der ist doch sonst …	… im Leben
Ich wusste …	---
Gar nicht …	… es

(22) Ergänze mit den Dialogteilen aus Übung 21.

☉ Möchtest du einmal mit einem Schlauchboot einen Wildbach hinunterfahren?

◆ Rafting meinst du? Nein, **a** _____ !

☉ Ben hat das gemacht.

◆ Aber **b** _____ .

☉ Paul wollte die Raftingtour machen und hat Ben gesagt, er soll mitmachen.

◆ **c** _____ . Ben macht alles, was Paul sagt. Und wie hat es ihm gefallen?

☉ **d** _____ .

◆ *Tatsächlich?* Rafting! Ich brauche das wirklich nicht. **e** _____ ?

☉ Ich weiß nicht, vielleicht ist es ganz lustig.

20

E **Grammatik**

jemand, niemand, Indefinitpronomen

E1 **(23)** **Ergänze die Tabelle und ergänze dann die Fragewörter in den Dialogen.**

Nominativ	Akkusativ	Dativ
	Wen?	
jemand		
		niemandem

⊙ Haben Sie mit _wem?_ jemandem gesprochen?

◆ Nein, mit _____ niemandem.

⊙ Haben Sie _____ jemand(en) gehört?

◆ Nein, _____ niemand(en).

⊙ War da überhaupt _____ jemand?

◆ Nein, da war _____ niemand.

E1 **(24)** **Ergänze die richtige Form von *jemand* oder *niemand*.**

a ⊙ Wo ist der Bahnhof?

◆ Das weiß ich nicht. Fragen wir doch ᵂᵉⁿ? _jemand(en)_ .

b Ich möchte gern mit ᵂᵉᵐ? _____ Tischtennis spielen. Hat ᵂᵉʳ? _____ Lust?

c Bringst du ᵂᵉⁿ? _____ mit, oder kommst du alleine?

d Mein Buch ist weg. ᵂᵉʳ? _____ hat mein Buch genommen.

e Der Test ist heute? Oh Schreck, warum hat mir das ᵂᵉʳ? _____ gesagt?

f ⊙ Wie war der Film?

◆ Langweilig, er hat ᵂᵉᵐ? _____ gefallen.

g ⊙ Wer ist das?

◆ Keine Ahnung, ich glaube, den kennt ᵂᵉʳ? _____ hier.

E1 **(25)** **Ergänze noch einmal die richtige Form von *jemand* oder *niemand*.**

Graffiti im Kaufhaus

⊙ Was haben Sie gestern um 23:00 Uhr gesehen?

◆ Da war _____ im Kaufhaus.

⊙ Aber der Mann vom Sicherheitsdienst sagt, da war _____ .

◆ Ich habe aber sicher _____ gesehen. Es war Licht im Kaufhaus.

⊙ Waren Sie alleine vor dem Kaufhaus oder waren Sie mit _____ zusammen?

◆ Ich war mit _____ zusammen, ich war alleine.

⊙ Wie viele Personen haben Sie gesehen?

Modul 5 **114** einhundertvierzehn

◆ Zwei oder drei.

☉ Können Sie _____ beschreiben?

◆ Nein, ich kann _____ beschreiben, es war zu dunkel.

☉ Das ist schade. _____ kann die Graffiti-Zeichner beschreiben.

◆ Aber _____ hat diese Graffiti gemacht, und ich habe auch _____ gesehen.

☉ Aber Sie können ja auch _____ beschreiben.

◆ Das stimmt.

☉ Na sehen Sie: Das hilft uns auch nicht weiter.

E2

(26) Ergänze die Indefinitpronomen.

	Nominativ	Akkusativ
Singular	☉ Schau da ist ein Fallschirmspringer.	☉ Siehst du die Fallschirmspringer?
	◆ Und da ist noch *einer*. ⚠	◆ Ja, *einen* sehe ich.
	☉ Schau, da ist ein Schiff.	☉ Siehst du das Schiff?
	◆ Und da ist noch _____. ⚠	◆ Ja, _____ sehe ich. ⚠
	☉ Schau, da ist eine Taucherin.	☉ Siehst du die Taucherin?
	◆ Und da ist noch _____.	◆ Ja, _____ sehe ich.
Plural	☉ Schau, da sind Rafter auf dem Fluss.	☉ Siehst du die Rafter?
	◆ Und da sind noch _____.	◆ Ja, ich sehe _____.

E2

(27) Was passt? Ergänze die richtigen Nomen und Indefinitpronomen.

a ☉ Ich muss ihre Telefonnummer aufschreiben. Ich brauche *einen Kugelschreiber.*

◆ Schau, dort drüben liegt *einer.*

b ☉ Ich möchte Kaiserschmarrn kochen. Haben wir _____?

◆ Ja, im Kühlschrank sind _____.

c ☉ Was heißt *admire*? Ich brauche schnell _____.

◆ Da drüben liegt _____.

d ☉ Hier ist es so dunkel. Hat jemand _____?

◆ Ich glaube auf dem Regal links liegt _____.

e ☉ Ich bin durstig. Könnte ich _____ trinken?

◆ Ja, natürlich, im Kühlschrank ist *(Nom.)* _____.

f ☉ Ich fahre morgen nach Italien. Ich brauche _____.

◆ Ich habe *(Akk.)* _____, den kannst du haben.

> ✪ Eier
> ✪ ~~einen Kugelschreiber~~
> ✪ einen Koffer
> ✪ eine Taschenlampe
> ✪ ein Wörterbuch
> ✪ einen Orangensaft

20

E2 (28) **Freunde helfen gern ... Ergänze die Pronomen.**

☉ Anne, kann ich die Jacke ausleihen?

◆ Warum denn? _Deine_ liegt doch da drüben.

☉ Könnte ich vielleicht den Rucksack ausleihen, Sven?

■ Warum denn? Da drüben hängt doch ....

☉ Kann ich mal das Mathematikbuch haben, Max?

▶ Warum denn? Da liegt ja ....

☉ Liz, kann ich deine Tennisschuhe ausleihen?

▦ Warum denn? .... sind doch noch o.k.

☉ Kann ich kurz deinen Bleistift haben, Lukas?

■ Warum denn? .... liegt doch da drüben.

☉ Könntest du mir deine Decke leihen, Sabrina?

▨ .... liegt doch auf deinem Bett. Nimm doch deine Sachen, Inga!

☉ Ich habe gedacht, Freunde helfen gern ...

Finale: Fertigkeitentraining

(29) **Lies den Text und beantworte die beiden Fragen.**

Wie alt musst du sein, wenn du in Deutschland oder Österreich ...

a ... den Mopedführerschein machen willst? ....

b ... ohne Führerschein Moped fahren willst? ....

Mit 16 geht's los ...

Mit 24 Jahren darfst du in Deutschland und Österreich ohne Führerschein mit einem Moped fahren. Wenn du nicht so lange warten willst, musst du eine Führerscheinprüfung machen. Wenn du die Prüfung schaffst, darfst du schon mit 16 Jahren Moped fahren.

Vor der Prüfung musst du einen Kurs besuchen. Der Kurs dauert ungefähr acht Stunden. Du bekommst ein Übungsbuch mit 225 Prüfungsfragen. Einige von diesen Fragen musst du dann in der Prüfung beantworten. Zur Mopedprüfung musst du einen Ausweis und ein Passfoto mitbringen.

(30) **Bist du bereit? Dann lös die Aufgaben. Achtung! Manchmal sind mehrere Antworten richtig.**

a Was bedeutet dieses Verkehrszeichen für dich?

☐ Ich muss geradeaus weiterfahren.

☐ Der Gegenverkehr muss warten.

☐ Ich muss warten und darf nicht weiterfahren.

☐ Ich darf weiterfahren.

b Du kommst zu einem Zebrastreifen.

☐ Wenn die Person mich sieht, darf ich weiterfahren.

☐ Ich muss vor dem Zebrastreifen stehen bleiben.

☐ Ich gebe der Person ein Zeichen und fahre dann schnell über den Zebrastreifen.

☐ Wenn ich weniger als 5 Meter vom Zebrastreifen entfernt bin, darf ich schnell über den Zebrastreifen fahren.

c Was bedeutet dieses Verkehrszeichen für dich?

☐ Ich muss hier mit meinem Moped sehr langsam fahren.

☐ Radfahrer müssen auf diesem Weg zu Fuß gehen.

☐ Hier dürfen keine Radfahrer fahren.

☐ Ich darf auf diesem Weg nicht mit meinem Moped fahren.

d Du kommst zu einer Straße ohne Verkehrszeichen und möchtest geradeaus weiterfahren.
Von rechts kommt ein Auto. Es möchte auch geradeaus weiterfahren. Was bedeutet das für dich?

☐ Ich muss stehen bleiben.

☐ Das Auto muss stehen bleiben.

☐ Ich darf nach rechts fahren, aber nicht geradeaus.

☐ Das Auto darf weiterfahren.

e Was bedeuten diese Zeichen für dich?

☐ Ich darf nach links oder nach rechts fahren.

☐ Ich muss warten. Wenn kein Auto kommt, darf ich nach rechts in den Kreisverkehr hineinfahren.

☐ Die Autos im Kreisverkehr müssen warten.

☐ Ich kann auf dieser Straße nicht weiterfahren und muss zurückfahren.

(31) Lies die Fragen und hör zu. Mach Notizen und beantworte dann die Fragen. 🔊 **2** 13

a Welche Prüfung möchte Sarah machen? ....

b Welchen Tipp gibt Mathias seiner Freundin Sarah? *Sarah sollte* ....

c Was ist Sarahs Problem? ....

d Welchen Tipp gibt Mathias Sarah noch? *Sarah sollte* ....

(32) Lies Lenas Text im Forum und schreib eine Antwort.

> **Strategie – Richtig lernen**
> **Das solltest du tun:**
> • Zwei bis drei Wochen vor der Prüfung einen Lernplan machen.
> • Dich in dieser Zeit auch entspannen und Spaß haben.
> • Alles sehr oft wiederholen.
> • Regelmäßig Pausen machen, vielleicht immer nach 45 Minuten.
> • Dich in den Lernpausen bewegen, das macht dich munter.
> • Deine Aktivitäten in der Woche gut planen. Zeit für das Lesen und Lernen planen.
> **Das solltest du nicht tun:**
> • In der Nacht vor der Prüfung viele Stunden lernen. Das macht dich nur müde.
> • Lange ohne Pause lernen. Du vergisst die neuen Informationen dann viel zu schnell.
> • Prüfungsangst haben. Wenn du zu nervös bist, kannst du nicht so gut lernen.

gefragt von Lena88 um 19.03	beantwortet von .... um 19:30
Hallo zusammen! Mir geht's 😕 😟. Ich habe in zwei Wochen meine Abschlussprüfung. Ich glaube, ich schaffe die Prüfung nicht. Hat jemand Tipps? Lena	*Hallo Lena,* *vielleicht solltest Du* *Ich habe gehört/gelesen, man sollte* *Du solltest auf keinen Fall* *Ich habe Das hat mir* *geholfen. Vielleicht solltest du das auch probieren.* *Viel Glück!*

20

Lernwortschatz

Nomen

Berg, der, -e ....
Halle, die, -n ....
Verspätung, die, -en ....
Dach, das, ¨er ....
Schreibblock, der, ¨e ....
Decke, die, -n ....
Grundschule, die, -n ....
Gymnasium, das,
   Gymnasien ....
Berufsschule, die, -n ....
Moment, der, -e ....
Bibliothek, die, -en ....

Verben

wählen ....
sich fühlen ....
(sich) streiten ....
verboten sein ....
sich ärgern ....
sich freuen ....
sich entschuldigen ....
lassen ....
verlieren ....
diskutieren

Adjektive

flach ....
nötig ....
herzlich ....

andere Wörter

erst ....
schon ....
darum ....
drinnen ....
draußen ....
unten ....
oben ....
vorne ....
hinten ....
außerdem ....
einverstanden ....
tatsächlich ....
fast ....

Wichtige Wendungen

über Sportarten sprechen
Fußball ist eine Teamsportart.

über Verbote sprechen
Meine Eltern lassen mich nicht ...
Nein, ich darf nicht laut Musik hören.

Ratschläge geben
Du solltest mehr Hausaufgaben machen.

Alltagssprache
Tatsächlich?
Nie im Leben!
Du vielleicht?
Der ist doch sonst so ein Angsthase.
Ich wusste es.
Gar nicht schlecht.

Das kann ich jetzt ...

... gut. ... mit Hilfe. Das übe ich noch.

1 Wörter

Ich kann zu den Themen sechs Wörter nennen:

a Sportarten: *Eislaufen,* ....   ○   ○   ○

b Ortsadverbien: *oben,* ....   ○   ○   ○

c Reflexive Verben: *sich ärgern,* ....   ○   ○   ○

2 Sprechen

a Über Sportarten sprechen: ○   ○   ○
  Bewegst du dich gerne? Machst du Sport?
  Welche Sportarten ...?

b Über Verbote sprechen: ○   ○   ○
  Meine Eltern lassen mich nicht ...
  Lässt du deinen Bruder ...?

c Ratschläge geben: ○   ○   ○
  Du solltest ...

3 Lesen und Hören

Die Texte verstehe ich:

a Erst dann bist du erwachsen ...   → KB S. 75   ○   ○   ○

b Base-Jumping   → KB S. 77   ○   ○   ○

c Das habe ich gleich gewusst!   → KB S. 78   ○   ○   ○

d Die Mutprobe   → KB S. 79   ○   ○   ○

4 Schreiben

Eine Antwort auf eine Einladung zu einer Party.   ○   ○   ○

Grammatik

(1) Was ist richtig? Streich die falschen Artikelwörter weg.

☉ Ich habe mein Zimmer umgeräumt. Mein Bett steht jetzt unter dem | das Fenster.

  Den Schreibtisch habe ich neben die | der Tür gestellt.

◆ Aber neben der | die Tür steht ja auch dein Schrank.

☉ Nein, den Schrank habe ich ins | im Schlafzimmer gebracht.

◆ Und wo sind jetzt deine Kleider?

☉ Die liegen auf dem | das Bett, auf den | dem Stuhl und auf den | dem Boden.

◆ Hm, war das Umräumen wirklich eine gute Idee?

① | 6

(2) Ergänze das richtige Modalverb im Präteritum. Streich das falsche.

a Ich (*können* | ~~*sollen*~~) *konnte* gestern nicht kommen, ich hatte ein Fußballspiel.

b Bei dem Test (*müssen* | *dürfen*) .... wir 25 Rechnungen in 45 Minuten rechnen.

c Meine Schwester Nelli (*dürfen* | *müssen*) .... am Sonntag auf einem Pferd reiten.

d Mein Vater (*können* | *wollen*) .... immer Pilot werden. Heute ist er Physiklehrer.

e Markus (*müssen* | *sollen*) .... um acht Uhr hier sein und jetzt ist es acht Uhr dreißig.

f Als Kind (*mögen* | *müssen*) .... ich keinen Spinat und keinen Salat.

② | 5

(3) Schreib Nebensätze mit *dass*.

a Sarah hat ein neues Computerspiel bekommen.

  Sarah hat erzählt, *dass sie ein neues Computerspiel bekommen hat.*

b Die Schulmannschaft gewinnt das Basketballspiel am Freitag.

  Julian ist sicher, ...

c Realityshows im Fernsehen haben oft sehr viele Zuschauer.

  Es ist interessant, ...

d Mit 18 Jahren sollte man keine Comics mehr lesen.

  Maria meint, ...

e Der Osterhase versteckt die Ostereier im Garten.

  Meine kleine Schwester glaubt, ...

③ | 4

(4) Ergänze *obwohl, trotzdem, weil, wenn* oder *deshalb*.

a *Wenn* man achtzehn Jahre alt ist, darf man in Deutschland wählen.

b Sie möchten wandern gehen, ... das Wetter sehr schlecht ist.

c Er konnte beim Fußballspiel nicht mitspielen, ... er krank war.

d Mein Vater muss jeden Tag zehn Stunden arbeiten, ... liebt er seinen Beruf.

e Es stört mich, ... jemand beim Essen raucht.

f Sabrina kann sehr gut rechnen. .... mag sie Mathematik.

④ | 5

Punkte

5 Ergänze die Pronomen.

a ⊙ Hast du meinen Kugelschreiber gesehen? ◆ Auf dem Tisch liegt *einer*, ist das *deiner*?

b ⊙ Hast du Toms Wörterbuch gesehen? ◆ Auf dem Stuhl liegt _____, ist das _____?

c ⊙ Habt ihr Inas Ohrringe gefunden? ◆ Auf dem Bett liegen _____, sind das _____?

d ⊙ Wo ist meine Sporttasche? ◆ Unter dem Tisch steht _____, ist das _____?

⑤
|6

Wortschatz

> ❂ lGsa ❂ seMser ❂ ~~eelrlT~~ ❂ alseSuztrer ❂
> ❂ ftfefererPsrue ❂ vterSeiet ❂ alebG ❂ öLeffl ❂ ecseBtk ❂

6 Ergänze die Sätze.

Speisen isst man von einem *Teller*. Fleisch isst man mit _____ und _____.

Die Suppe isst man mit einem _____. Getränke trinkt man aus einem _____.

Für die Nachspeise gibt es ein eigenes _____. Wenn das Essen nicht so gut schmeckt,

braucht man manchmal den _____ und den _____.

Die _____ ist meistens aus Papier und liegt rechts neben dem Teller.

⑥
|8

7 Ergänze die Wörter.

> ❂ Lehre ❂ Universität ❂ Fotograf ❂ Abitur ❂ Hauptschulabschluss ❂ Architekt ❂

Mathias: Ich bin neun Jahre in die Schule gegangen und habe dann meinen _____

gemacht. Dann habe ich eine _____ begonnen. Heute bin ich _____.

Alex: Nach 12 Jahren Schule habe ich das _____ gemacht. Ich studiere Architektur

an der _____. Ich möchte _____ werden.

⑦
|6

Alltagssprache

Hallo... t es

8 Ergänze die Dialoge.

> Ⓐ Ich bin fertig. Ⓑ Gar nicht schlecht.
> Ⓒ Das ist meine Sache. Ⓓ Das haben wir gleich. Ⓔ Stell dir vor

a ⊙ Warum grüßt du Felix nicht mehr? ◆ ( ) Das kann ich dir nicht sagen.

b ⊙ So, das war der letzte Teller. ( ) Tschüs! ◆ Tschüs.

c ⊙ Die Taschenlampe funktioniert nicht. Ich glaube, die Batterien sind leer.

◆ ( ) Hier sind neue Batterien.

d ⊙ ( ), Hannes hat noch Karten für das Konzert bekommen. ◆ Fantastisch!

e ⊙ Schau, das hat meine Schwester gezeichnet.

◆ ( ) Sie ist ja erst fünf.

⑧
|5

Grammatik	Wortschatz	Phrasen	Wie gut bist du schon?
23-26	14	5	☺
14-22	8-13	4	😐
0-13	0-7	0-3	☹

Gesamt
|45

A Text

A2 **1** **Was weißt du noch? Kreuze die richtigen Antworten an.** → KB S. 91

c Am schwierigsten sind für Markus
- [ ] lange Arbeitstage im Studio.
- [ ] japanische Zeichentrickfilme.
- [ ] unfreundliche Regisseure.

d Markus spricht am liebsten die Stimmen von Zeichentrickfiguren,
- [ ] weil man da schreien muss.
- [ ] weil man kreativ sein kann.
- [ ] weil man für Zeichentrickfilme mehr Geld bekommt.

a Markus
- [ ] hatte ein Puppentheater.
- [ ] ist Synchronsprecher.
- [ ] hat Theater gespielt.

b Markus muss seine Texte oft ... sprechen.
- [ ] ohne Vorbereitung
- [ ] ohne Regisseur
- [ ] ohne Stimme

e Markus möchte die Stimme ... sein.
- [ ] von einem berühmten Schauspieler
- [ ] von einem berühmten Regisseur
- [ ] von einer berühmten Comicfigur

B Wortschatz

Filme

B1 **2** **Über welche Filme sprechen die Personen? Finde die Filmkategorien und schreib sie neben die Sprechblasen.**

> Der Sheriff hatte keine Chance.
> Er war allein gegen die Carson-Brüder.

a W _ _ _ _ _ r n

> Wir haben so gelacht, uns sind die Tränen
> gekommen, es war wirklich komisch.

b _ o _ _ _ d i e

> Vicky hat den Film ja so toll gefunden, das
> Liebespaar und die Szene auf dem Schiff. Na ja ...

c _ i e _ _ _ _ f _ _ _ _

Die Kleider von damals waren total unpraktisch. Und die Frauen mussten mit diesen Röcken reiten, furchtbar!

d _ _ _ _ _ ü _ f _ lm

Dann war Dracula an Mirellas Fenster. Sie hat schon auf ihn gewartet …

e _ orr _ _ _ _ _ _ _ _

Schließlich haben die Außerirdischen aufgegeben und sind mit ihrem Raumschiff weggeflogen.

f _ cien _ _ _ – F _ _ _ t _ _ _ _

Die Stunts waren echt toll, vor allem das Autorennen auf der Autobahn: wirklich super!

g _ _ _ _ _ _ _ _ – _ _ lm

Auch den Nachbarn hat man tot in seinem Haus gefunden. Für die Polizei war das alles ein Rätsel.

h _ _ _ _ _ ll _ _ _

B2

(3) Ergänze Sarahs E-Mail an ihre Freundin Mona.

⊘ Handlung ⊘ Es geht um ⊘ Stuntaufnahmen ⊘ Filmmusik ⊘ spielt ⊘ Hauptrolle ⊘ Szene ⊘

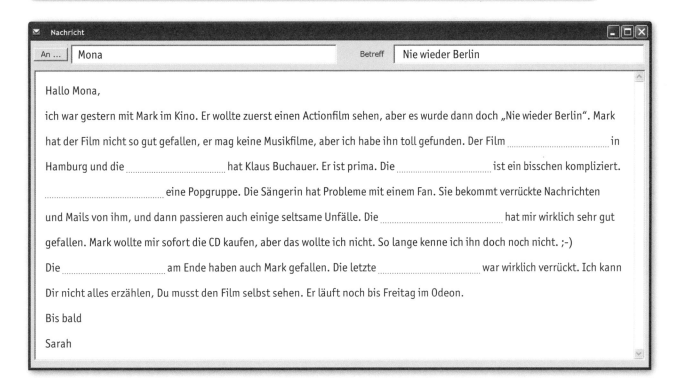

einhundertdreiundzwanzig **123** Modul 6

B2 (**4**) **Wie war der Film? Lies Mirkos Kommentar.**
Tausche die Sätze 1-6 gegen die Sätze a-f aus und schreib Corinnas positive Kritik.

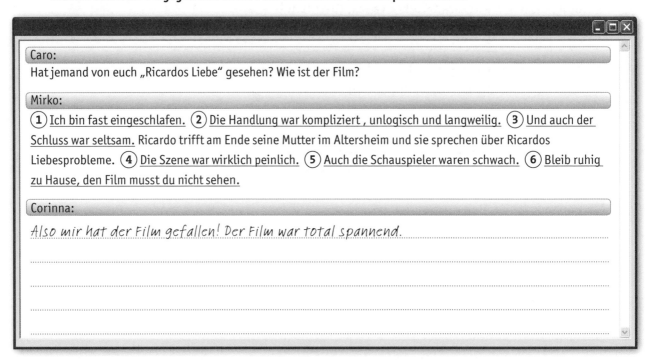

Caro:
Hat jemand von euch „Ricardos Liebe" gesehen? Wie ist der Film?

Mirko:
(**1**) Ich bin fast eingeschlafen. (**2**) Die Handlung war kompliziert , unlogisch und langweilig. (**3**) Und auch der Schluss war seltsam. Ricardo trifft am Ende seine Mutter im Altersheim und sie sprechen über Ricardos Liebesprobleme. (**4**) Die Szene war wirklich peinlich. (**5**) Auch die Schauspieler waren schwach. (**6**) Bleib ruhig zu Hause, den Film musst du nicht sehen.

Corinna:
Also mir hat der Film gefallen! Der Film war total spannend.

a   Die Handlung war wirklich originell.

b   Die Szene war vielleicht ein bisschen sentimental, aber so romantisch.

c   Auch der Schluss hat mir sehr gut gefallen.

d   Den Film musst du unbedingt sehen.

e   Die Schauspieler waren prima.

f   ~~Der Film war total spannend.~~

(**C**) **Grammatik**

Adjektivdeklination

C1 (**5**) **Lies die Aussagen zur Umfrage und unterstreiche die richtigen Formen.**
Wer sieht lieber DVDs (A)? Wer geht lieber ins Kino (B)? Wer mag beides (C)? Ergänze die Buchstaben.

Kino oder DVDs?

a   Im Kino gibt es jede Woche einen neuen | neu Film. Die alt | alten Filme aus der Videothek kann man ja sowieso bald im Fernsehen sehen. Ich gehe lieber ins Kino.   Nick ( )

b   Kinokarten sind einfach zu teuer | teure. DVDs auszuleihen ist viel billiger | billigere. Unsere Videothek hat ganz gute | gut DVDs. Ein Wochenende mit tollen | toll DVDs und gut | guten Freunden. Was kann schöner sein?   Kaya ( )

c   Der kleine | klein Fernsehapparat zu Hause ist mir zu wenig | wenige. Für einen gut | guten Kinofilm brauche ich auch ein groß | großes Kino.   Jonas ( )

d   Eine gemütlich | gemütliche DVD-Party am Wochenende ist einfach cool | coole. In der neu | neuen Videothek in unserer Straße finde ich immer spannend | spannende Filme.   Lisa ( )

e Das groß | große Kino im neuen | neu Einkaufszentrum ist wirklich fantastisch | fantastische, und im Kinocafé haben sie wunderbar | wunderbare Milchmixgetränke.   Marie ⬡

f DVD oder Kino ist mir egal. Ein gut | guter Film muss es sein. Ich mag keine laut | lauten Actionfilme, auch nicht im Kino.   Felix ⬡

C1 **6** Unterstreiche die Singularformen (Adjektiv + Nomen) in 5. Schreib die passenden Beispiele aus dem Text in die Tabelle und ergänze die richtigen Endungen.

Adjektivendungen Singular			Beispiel
der, das, die, eine	rot _e_	+ Nomen	
den, dem, der (Dativ), einer, einen, einem	rot ___	+ Nomen	*einen neuen Film*
ein (+ mask.)	rot ___	+ Nomen	
ein (+ neutral)	rot ___	+ Nomen	

C1 **7** Im Videoladen ⬡ V oder im Kino ⬡ K . Was sagt man wo? Ergänze die richtigen Endungen und den Ort.

a ⬡ K Eine billig____ Karte ganz vorne, bitte.

b ⬡ Haben Sie einen aufregend____ Thriller für das Wochenende?

c ⬡ „Die lang____ Reise der Pinguine" ist leider ausgeliehen.

d ⬡ Platz 12, Reihe neun. Ich glaube, das ist ein gut____ Platz.

e ⬡ Eine groß____ Tüte Popcorn, bitte.

f ⬡ Haben Sie den neu____ James-Bond-Film?

g ⬡ Wann beginnt „Ein weit____ Weg nach Afrika"?

h ⬡ Kann ich die alt____ DVD noch zwei Tage länger haben?

C1 **8** In welchem Filmberuf gibt es welche Probleme? Ordne zu, ergänze die Adjektivendungen und schreib Sätze.

a *Der Kameramann hat ein Problem mit einer sehr schweren Kamera.*

b *Der Regisseur hat ein Problem mit einem*

Kameramann	ein kompliziert___ Schauspieler
Regisseur	eine seltsam___ Geschichte
Drehbuchautorin	eine sehr schwer _e_ Kamera
Maskenbildnerin	ein zu laut___ Musikstück
Stuntman	eine sehr hoh___ Männerstimme
Sounddesignerin	ein hässlich___ Gesicht
Beleuchter	ein gefährlich___ Sprung
Synchronsprecher	eine zu dunkl___ Szene

c

d

e

f

g

h

C1　**9** **Ein Filmprojekt. Ergänze die Tabelle und den Text.**
Wer spielt welche Rolle? Ergänze.

Rolle	Kleidung	Schauspieler, Schauspielerin
Rick, ein alter Tischler	eine braune Hose, ein alt......... Mantel, ein blau......... Pullover	Georg
Mirella, eine attraktiv......... jung......... Frau	ein weiß......... Kleid	
Sebastian, ein jung......... Punk	eine alt......... Hose, ein kaputt......... T-Shirt	
Dr. Bachmann, ein reich......... Bankkaufmann	eine elegant......... Jacke, eine dunkl......... Hose	
Ines Bachmann, Dr. Bachmanns Ehefrau, sie ist sehr krank.........	eine grün......... Bluse, ein dunkelgrün......... Rock	

a Maskenbildnerin: Georg, du spielst einen alt......... Mann. Das cool......... T-Shirt passt da sicher nicht, du brauchst die braune _Hose_, den blau......... .... und den .... hier, das passt besser.

b Du brauchst eine cool......... Punkfrisur, Tom, und dann brauchst du eine .... und ein .... Hast du so etwas?

c Du spielst eine elegant......... Frau, Sophie. Vielleicht passt die grün......... .... hier und der .... Ines ist eine sehr krank......... Frau. Ich denke, wir müssen dich noch schminken.

d Lukas, du spielst einen reich......... Mann. Da brauchst du dann auch noch eine .... Jacke. Die kaputten Jeans passen natürlich nicht, nimm die .... hier.

e Willst du in dem dunkl......... Rock und der hell......... Bluse spielen, Carina? Ich habe da ein ganz einfach........., weiß......... .... Ich denke, das passt besser.

C1　**10** **Unterstreiche nun die Pluralformen (Adjektiv + Nomen) in 5. Schreib Beispiele in die Tabelle und ergänze die richtigen Endungen.**

Adjektivendungen Plural		Beispiel
mit Artikelwort: die, keine, den, keinen ...	rot ☐ + Nomen	_die alten Filme_
ohne Artikelwort (im Dativ):	von rot ☐ + Nomen	
ohne Artikelwort (im Nominativ und Akkusativ):	rot ☐ + Nomen	

C1 **11** **Seltsame Filmschauplätze. Was passt nicht? Schreib Sätze wie im Beispiel.**

a Stadt: Autos *(viel)*, Geschäfte *(klein)*, Kaufhäuser *(groß)*, Parks *(ruhig)*, Kühe *(braun)*

In einer Stadt gibt es viele Autos, kleine Geschäfte,

aber normalerweise gibt es dort keine braunen Kühe.

b Strand: Boote *(klein)*, Bahnhöfe *(laut)*, Muscheln *(schön)*, Ferienhäuser *(gemütlich)*

An einem Strand gibt es

c Bauernhof: Katzen *(klein)*, Schweine *(dick)*, Flugzeuge *(modern)*, Pferde *(schnell)*, Felder *(groß)*

Auf einem Bauernhof gibt es

d Wald: Bäume *(hoch)*, Tiere *(verschieden)*, Discos *(laut)*, Pflanzen *(interessant)*, Jäger *(vorsichtig)*

In einem Wald gibt es

e Bahnhof: Touristen *(zufrieden)*, Flüsse *(breit)*, Züge *(schnell)*, Fahrkartenautomaten *(praktisch)*, Koffer *(schwer)*

C2 **12** **Lies die Anzeige für die Videothek und ergänze die Adjektivendungen.**

Videowelt

Wir sind die größt.......... Videothek in der Stadt mit tausend neu.......... DVDs für dich und deine Freunde.

Suchst du eine romantisch.......... Liebeskomödie, einen spannend.......... Thriller oder einen aufregend..........

Horrorfilm? Bei uns findest du ganz sicher deinen Wunschfilm.

DVDs von den best.......... Regisseuren, mit den best.......... Schauspielern und mit den spannendst..........

Geschichten warten auf dich.

Willst du mit einer toll.......... DVD deinen Geburtstag feiern? Dann hol dir deinen Geburtstagsbonus:

Eine cool.......... Geburtstags-DVD darfst du in deinem Geburtstagsmonat gratis ausleihen.

Freu dich auf ein wunderbar.......... Wochenende mit neu.......... DVDs aus deiner Videowelt!

Aussprache

13 **Ergänze die Endungen. Welcher Filmtitel passt zu welchem Film?**

A Gefahr aus dem Weltraum   **B** Ein tödlicher Fehler

⬭   ⬭

Ein blutig..... Messer

Eine tot..... jung..... Frau

Rätselhaft..... Telefonanrufe

Ein verrückt..... Psychiater

Ein alt..... müd..... Polizist

Eine dunkl..... eng..... Gasse in einer groß..... Stadt

Eine modern..... Raumstation

Ein alt..... kaputt..... Raumschiff

Gefährlich..... Experimente

Rot..... und gelb..... Monde

Feindlich..... Außerirdische mit klein..... schnell..... Ufos

Ein mutig..... jung..... Offizier aus einer klein..... Stadt

14 **Lies die Filmtitel in 13 laut. Hör dann zu und sprich nach. Achte auf die Betonung und den Rhythmus.** **2** 14

Lerntipp – Aussprache

Es ist sehr wichtig, dass du deutsche Wörter richtig betonst. Es kann sein, dass dich deine Gesprächspartner sonst nicht verstehen. Wenn du lange und schwierige deutsche Wörter in dein Wortschatzheft schreibst, markiere deshalb den Wortakzent. Du kannst die betonte Silbe unterstreichen oder mit einem Zeichen markieren.

Zum Beispiel: Poli<u>zist</u>, Poli'zist, Polizist

D   Hören: Alltagssprache

D1 **15** **Was weißt du noch? Richtig oder falsch? Korrigiere die falschen Sätze.** → **KB** S. 95

		richtig	falsch
a	Mia erzählt Lena von einem Liebesfilm.	☐	☐
b	In Mias Film verliebt sich eine junge ~~ledige~~ *verheiratete* Frau in einen jungen Künstler.	☐	☒
c	Der Künstler hat sein Atelier in einer Garage.	☐	☐
d	Lena möchte auch gern eine Künstlerin sein.	☐	☐
e	Niklas und Tim suchen ein Elektronikgeschäft.	☐	☐
f	Tim ist sehr freundlich zu Mia.	☐	☐

D1 (16) **Ordne zu und ergänze den Dialog.**

Woher weißt ...	... gar nichts an
Das geht dich ...	... nichts für mich
Schon ...	... du denn das
Nicht böse ...	... verstanden
so eine ...	... amerikanische Komödie
Das ist ...	... sein

David: Na, wie war Petras Party?
Du warst doch gestern dort.

Nick: **a** ....?

David: Silvy hat es mir erzählt. Bist du wieder mit Anne zusammen?

Nick: **b** .... Das ist ganz allein meine Sache.

David: **c** .... *Nicht böse sein*. War die Party toll?

Nick: Ja, wir haben **d** .... angesehen. Die war wirklich witzig.

David: Gut, dass ich nicht dort war. Eine Filmparty, und dann auch noch eine amerikanische Komödie!
e ....

D1 (17) **Ergänze die Dialoge mit *so ein*, *so eine* oder *so* und den Wörtern im Kasten.**

⊗ Hund (schön) ⊗ ~~Film (langweilig)~~ ⊗ Poster (toll) ⊗
⊗ Schuhe (cool) ⊗ Bluse (elegant) ⊗ Geschenk (wunderbar) ⊗

a ⊙ *So ein langweiliger Film* ! Können wir nicht etwas anderes sehen?
♦ Nein, warum? Mir gefällt die DVD.

b ⊙ .... , wie heißt er denn? ♦ Bello.

c ⊙ .... Ist das München? ♦ Nein, das ist Bremen.

d ⊙ .... möchte ich auch haben. Die waren sicher teuer.
♦ Nein, sie waren im Sonderangebot.

e ⊙ Schau, die Ohrringe habe ich von Manfred.
♦ .... ! Die sehen wirklich gut aus.

f Wo hast du denn die Bluse gekauft? .... suche ich schon lange.

E **Grammatik**

Konjunktiv II (Wünsche)

E1 (18) **Ergänze die richtigen Formen.**

Konjunktiv II (Wünsche)	sein		haben		spielen, ...	
ich, er, es, sie	*wäre*	gern		gern	*würde*	gern spielen
du		gern		gern		gern spielen
wir, sie, Sie		gern		gern		gern spielen
ihr		gern		gern		gern spielen

E1 (19) Max hat viele Wünsche. Lies die Sätze und unterstreiche die richtigen Formen.

a   Max wäre | würde | hätte lieber allein und nicht mit seinem Bruder in einem Zimmer wohnen.

b   Max hätte | wäre | würde lieber auf einer Insel im Pazifik leben als in einem Hochhaus in Frankfurt.

c   Max würde | hätte | wäre gern mit dem Moped zur Schule fahren, deshalb wäre | würde | hätte er gern zwei Jahre älter.

d   Max wäre | würde | hätte gern weniger Streit mit seinen Eltern, deshalb würde | hätte | wäre er gern besser in Mathematik.

e   Max hätte | würde | wäre gern ein Musikinstrument spielen und in der Schulband mitmachen.

f   Max würde | wäre | hätte gern ein Star in der Fußballmannschaft, dann würde | hätte | wäre Tanja sicher gern mit ihm ins Kino gehen.

E1 (20) Was weißt du nun über Max? Schreib alle Informationen auf.

Max ist noch nicht 16 Jahre alt. Er lebt

E1 (21) Was würden diese Jugendlichen auch gern so gut können wie ihre Vorbilder? Wie würden sie gern sein? Schreib ihre Wünsche.

a   Leons Tante malt wunderschöne Bilder.   *Leon würde auch gern so schöne Bilder malen.*

b   Jans Bruder spielt sehr gut Fußball.   *Jan würde auch gern*

c   Natalies große Schwester ist sehr beliebt.

d   Ninas Vater ist sehr gut in Mathematik.

e   Philipps Cousin ist ein toller Tennisspieler.

f   Lauras Mutter hat eine wunderbare Stimme.

E1 (22) Wer sind deine Vorbilder? Was würdest du auch gern gut können? Schreib sechs persönliche Sätze.

Mein Bruder   sehr gut   . Ich würde auch gern so

E1 **(23)** Welcher Wunsch passt zu welcher Person? Schreib zu jedem Bild einen Satz in der Ich-Form.

> ☯ einen Fahrschein haben ☯ einen Geschirrspüler haben ☯ größer sein ☯
> ☯ am Meer sein ☯ ein Fahrrad haben ☯ Fußball spielen ☯

a *Ich wäre gern* ....

d ....

b ....

e ....

c ....

f ....

E1 **(24)** Was haben Hanna und Leonie? Und was wünschen sie sich? Ordne zu. 🔊 **2** 15
Hör dann den Dialog und schreib Sätze wie im Beispiel.

Realität	Wünsche
Katze	neues Handy
CDs haben	Zeitreise machen
Handy	in einem Baumhaus leben
Reise machen	Hund
schönes Zimmer haben	größer sein
einen Meter 80 groß sein	alle Robbie Williams-CDs

a *Hanna hat eine Katze, aber sie hätte gern* ....

b ....

c ....

d ....

e ....

f ....

Finale: Fertigkeitentraining

(25) Lies den Text und kreuze die richtigen Aussagen an.

Stunts im Minikleid

Der Fernsehturm in Düsseldorf ist 180 Meter hoch. Eine Frau steht ganz oben und schaut hinunter. Dann springt sie. Neun Sekunden lang dauert ihr Sprung. Ein Filmteam filmt alles mit. Die Frau heißt Tanja de Wendt. Sie ist Stuntfrau von Beruf. Fast achtzehn Monate lang hat sie sich auf diesen Sprung vorbereitet. Das Wichtigste bei jedem Stunt ist für sie die Planung und die Vorbereitung. Manchmal braucht sie da etwas mehr Zeit, manchmal etwas weniger. Nach der Schule war Tanja de Wendt Kellnerin. Doch der Beruf war ihr zu langweilig. Sie braucht diese extremen Erfahrungen und das Spiel mit der Gefahr.

Und gefährlich sind alle ihre Stunts: Klettern, stürzen, fallen, Unfälle mit schnellen Autos oder auf schnellen Motorrädern. Das wollen die Zuschauer sehen. Es gibt nicht viele Stuntfrauen in Deutschland. Deshalb hat Tanja auch sehr viel Arbeit. Und der Job als Stuntfrau ist oft schwieriger als die Arbeit von Stuntmännern. Die Männer können für ihre Stunts oft dicke Kleidung anziehen, da ist das Fallen kein Problem. Frauen müssen Stunts oft im kurzen Rock oder im Minikleid machen, da ist die Verletzungsgefahr schon viel größer. Auch die Regisseure und Drehbuchautoren sind meistens Männer, das findet Tanja schade. Deshalb arbeitet sie selbst an Filmprojekten. Sie findet, Action-

filme müssen auch eine gute Geschichte haben, sonst werden sie schnell zu langweilig für das Publikum. Und die Geschichten in ihren Filmen mag Tanja viel lieber als die Stunts. Sie würde auch gern richtige Rollen spielen, nicht nur Stuntszenen. Deshalb hat sie Schauspielunterricht genommen und auch schon einige kleinere Rollen gespielt. In Tanja de Wendt steckt eben auch eine sensible und kreative Künstlerin, sie ist nicht nur die harte Actionfrau ohne Angst und ohne Gefühle. Dass Tanjas Arbeit extrem gefährlich ist, hat auch der Sprung in Düsseldorf gezeigt. Wenige Wochen nach Tanjas Stunt hat ein Stuntman in den USA denselben Sprung probiert. Die Vorbereitung war nicht so perfekt. Tanjas Kollege hat sich schwer verletzt und sitzt heute im Rollstuhl.

a Im Text steht über Tanja de Wendt,

- [ ] dass sie ihre Stunts immer sehr lange vorbereitet.
- [ ] dass man Stunts sehr gut vorbereiten muss.
- [ ] dass der Sprung vom Fernsehturm in Düsseldorf sehr gefährlich war.

b Tanja de Wendt wollte nicht Kellnerin bleiben,

- [ ] weil sie nicht viel Geld verdient hat.
- [ ] weil die Arbeit schwierig war.
- [ ] weil die Arbeit für sie nicht interessant war.

c Der Job von Stuntfrauen ist oft schwieriger als der Job von Stuntmännern,

- [ ] weil es nicht viele Stuntfrauen gibt.
- [ ] weil Frauenkleidung die Arbeit oft gefährlicher macht.
- [ ] weil Stuntfrauen sich öfter verletzen.

d Tanja de Wendt findet,

☐ dass die Stunts in den Filmen wichtiger sind als die Geschichten.

☐ dass Stuntmänner keine guten Schauspieler sind.

☐ dass mehr Frauen Drehbücher für Actionfilme schreiben sollten.

e Ein Stuntman in den USA hat sich bei Tanja de Wendts Sprung schwer verletzt,

☐ obwohl der Stunt nicht so gefährlich war.

☐ obwohl er sehr viel trainiert hat.

☐ weil er sich nicht so gut vorbereitet hat.

Strategietipp – Lesen

Wenn dich ein Thema interessiert, kannst du Texte und Informationen zu diesem Thema im Internet suchen. Du kannst zum Beispiel einen Filmtitel („Lola rennt") in eine Suchmaschine eingeben. Wenn dich ein Thema interessiert, macht das Lesen in der Fremdsprache viel mehr Spaß. Auch dann, wenn du nicht alles verstehst.
Tipp: Such deutsche Comics im Internet. Die Texte sind meist kurz und die Bilder sind eine gute Lesehilfe.

26 **Umfrage: Was ist für dich in einem Film wichtig?** 🔊 2 16
Hör die vier Aussagen und kreuze an.

	Vincent	Isabel	Ben	Anna
1 die Filmmusik	☐	☐	☐	☐
2 eine gute Geschichte	☐	☐	☐	☐
3 viel Action	☐	☐	☐	☐
4 berühmte Schauspieler/Schauspielerinnen	☐	☐	☐	☐
5 tolle Trickaufnahmen	☐	☐	☐	☐
6 ein gutes Ende	☐	☐	☐	☐
7 gute Schauspieler	☐	☐	☐	☐
8 schöne Landschaftsaufnahmen	☐	☐	☐	☐

27 **Was ist für dich in einem Film wichtig? Was ist für dich nicht wichtig?**
Schreib einen kurzen Text für die Schülerzeitung und gib Beispiele.

Ich mag .... muss gut sein.
Am wichtigsten ...   ... ist mir egal, aber ...
... sind für mich wichtig.   Außerdem ...

Lernwortschatz

Nomen

Anfang, der, ⁼e ....

Schluss, der, ⁼e ....

Tafel, die, -n ....

Garage, die, -n ....

Typ, der, -en ....

Taschenrechner, der, – ....

Reihe, die, -n ....

Magazin, das, -e ....

Experiment, das, -e ....

Verben

mitspielen ....

sich beeilen ....

Adjektive

spannend ....

witzig ....

aufregend ....

sentimental ....

fremd ....

blöd ....

besetzt ....

dringend ....

andere Wörter

prima ....

gar nicht ....

Wichtige Wendungen

über Filme sprechen

Ich mag Actionfilme.

Der Film handelt von ...

Es geht um ...

über Wünsche sprechen

Ich wäre so gern mal in einem richtigen Atelier.

Den Film würde ich gern mal sehen.

Alltagssprache

Das geht dich gar nichts an.

Nicht böse sein.

Schon verstanden.

Das ist nichts für mich.

Woher weißt du denn das?

Das kann ich jetzt ...

... gut. ... mit Hilfe. Das übe ich noch.

1 Wörter

Ich kann zu den Themen sechs Wörter nennen:

a Filmkategorien: *Western,* ___ ○ ○ ○

b Filmwortschatz: *Handlung,* ___ ○ ○ ○

c Adjektive: *spannend,* ___ ○ ○ ○

2 Sprechen

a Über Filminhalte sprechen: ○ ○ ○
Der Film handelt von ... Er spielt in ...

b Filme beurteilen: ○ ○ ○
Die Handlung war spannend.
Die Stuntaufnahmen haben mir ... gefallen. Einige Szenen ...

c Über Wünsche sprechen: ○ ○ ○
Ich wäre gern ... Ich hätte gern ... Ich würde gern ...

3 Lesen und Hören

Die Texte verstehe ich:

a Am Abend ist die Stimme weg ... (→ KB S. 91) ○ ○ ○

b Neu im Kino (→ KB S. 92) ○ ○ ○

c Das Spiegelbild, Teil 1: Der Film (→ KB S. 95) ○ ○ ○

d Filmhits in der Schul-Videothek (→ KB S. 97 / S. 140) ○ ○ ○

4 Schreiben

Einen Filmtipp im Internetforum. ○ ○ ○

Intelligenz und Gedächtnis

A Text

A2 **1** Was weißt du noch? Ordne die Namen zu. → KB S. 99

1. Nadia
2. Matt Savage
3. Christopher
4. Howard Gardner
5. Chick Corea
6. Shakespeare und Goethe
7. Mutter Teresa und Mahatma Gandhi

a ◯ fand den siebenjährigen Matt einfach toll.

b ◯ konnte als Erwachsener sehr schlecht zeichnen.

c ◯ lernte in kürzester Zeit Klavier spielen.

d ◯ glaubt, dass es nicht nur eine Intelligenz gibt.

e ◯ sind Beispiele für Menschen mit hoher sprachlicher Intelligenz.

f ◯ konnte als kleines Kind sehr gut zeichnen.

g ◯ konnten sehr gut mit Menschen kommunizieren.

A2 **2** Welche Intelligenz brauchst du bei diesen Tätigkeiten? Verbinde Sätze und Bilder und ergänze dann.

a Ich tanze gern. .... Intelligenz

b Ich kann sehr schnell rechnen. .... Intelligenz

c Ich spiele in der Schulband Gitarre. .... Intelligenz

d Ich schreibe gute Texte. .... Intelligenz

e Ich zeichne sehr gut. .... Intelligenz

f Ich bin gern mit meinen Freunden zusammen. .... Intelligenz

B Grammatik

Zeitangaben

B1 **3** Lies die Texte und ergänze die richtigen Zeitangaben. Welche Intelligenzen sind in den Texten wichtig?

a ✪ jeden Tag ✪ immer ✪ nach der Stunde ✪ ~~seit einem Jahr~~ ✪ einige Tage ✪ vor der Klavierstunde ✪

Meine Schwester lernt _seit einem Jahr_ Klavier spielen. Sie sollte .... üben, aber sie

übt .... nur kurz .... setzt sie sich dann

.... nicht ans Klavier. Wichtig: .... Intelligenz

b ✪ zuerst ✪ am Ende ✪ eine Woche ✪ immer ✪ ~~letzten Sommer~~ ✪ oft ✪

Letzten Sommer war ich .... in der Türkei. Ich habe meine türkische Freundin Afet besucht.

Ihre Mutter kann kein Deutsch und hat mit mir .... Türkisch gesprochen. ....

habe ich gar nichts verstanden, aber sie hat die Wörter .... wiederholt und ....

konnte ich auch schon einige Wörter sagen. Es war richtig lustig! Wichtig: .... Intelligenz

c

> ✪ jetzt ✪ jeden Freitag ✪ ~~letzten Monat~~ ✪ gestern ✪ beim ersten Termin ✪ dann ✪ zuerst ✪

Letzten Monat hat mein Tanzkurs begonnen. Die Tanzstunden sind _____. Markus war nur

_____ da. _____ ist er nicht mehr gekommen. Ich habe ihn _____

angerufen, und er hat gemeint, er wollte _____ schon tanzen lernen, aber

_____ interessiert ihn der Tanzkurs nicht mehr. Wichtig: _____ Intelligenz

B1 **(4)** **Was kommt *zuerst* (1), *dann* (2), *zuletzt* (3)? Ordne die Wörter.**

a (2) nächsten Monat (1) nächste Woche (3) nächstes Jahr

b ( ) diesen Mittwoch ( ) diesen Freitag ( ) letztes Wochenende

c ( ) diese Woche ( ) vor einer Woche ( ) in einer Woche

d ( ) schließlich ( ) später ( ) zuerst

e ( ) heute ( ) früher ( ) übermorgen

f ( ) am Mittag ( ) um 10 Uhr morgens ( ) abends

g ( ) seit einer Stunde ( ) im nächsten Moment ( ) jetzt

h ( ) im Mai ( ) am fünften Vierten ( ) vom ersten Vierten bis zum vierten Vierten

B1 **(5)** **Sortiere die Zeitangaben aus 4.**

mit Präposition	mit Akkusativ	als Adverb
vor einer Woche	diesen Mittwoch	jetzt

B1 **(6)** **Was passt? Ergänze den Akkusativ von *dies-*, *letzt-* oder *nächst-*.**

a ☉ Ist das Konzert übermorgen? ◆ Ja, es ist _____ Freitag.

b ☉ Kommst du diese Woche zu mir? ◆ Das geht leider nicht, aber _____ Woche kann ich.

c ☉ Dieses Jahr fahren wir im Sommer nach Italien. ◆ Wart ihr da nicht schon _____ Jahr?

d ☉ Wo warst du _____ Wochenende? ◆ Auf einer Hochzeit.

e ☉ Habt ihr dieses Jahr keinen Geschichtsunterricht?

◆ Nein, aber _____ Jahr haben wir wieder Geschichte.

B1 **7** Ergänze die Präpositionen und Fragewörter.

a · vor · in · bis · seit ·

⊙ Wie lange spielst du schon Gitarre? ◆ .... drei Jahren.

⊙ Und wann hast du mit dem Klavierspielen angefangen? ◆ .... sechs Jahren.

⊙ Wie lange übst du heute noch? ◆ .... zehn Uhr.

⊙ Wann ist dein Konzert? ◆ .... drei Tagen.

b · bis wann · wann · seit wann · wie lange ·

⊙ .... gibt es eure Schülerzeitung? ◆ Seit drei Jahren.

⊙ .... hast du bei der Schülerzeitung begonnen? ◆ Vor einem Jahr.

⊙ .... arbeitest du an einem Artikel? ◆ Manchmal bis zu zehn Stunden.

⊙ .... muss die neue Zeitung fertig sein? ◆ Bis Mittwoch.

B1 **8** Temporale Präpositionen mit Dativ. Ergänze *einem* oder *einer* und die Satzlücken.

a vor *einem* Monat / vor .... Stunde / vor .... Jahr

Wo bleibt er nur? Der Zug sollte doch schon *vor einer Stunde* ankommen.

b seit .... Stunde / seit .... Tag / seit .... Minute / seit .... Jahr

Dein Frühstücksei ist noch nicht fertig, das Wasser kocht erst ....

c nach .... Woche / nach .... Stunde / nach .... Minute

Es gab einen Sturm, deshalb war das Fußballspiel schon .... zu Ende.

d in .... Monat / in .... Stunde / in .... Jahr / in .... Woche

Sabine kommt nächsten Dienstag, also heute ....

e mit .... Jahr / mit drei Jahren / mit .... Monat

.... können Babys die ersten Wörter sprechen.

B1 **9** Ersetze die Zeitangaben durch *montags, mittags* usw. Aber nur, wenn das möglich ist. Achte auch auf die Adverbien.

a ⊙ Hast du heute Zeit? ◆ Nein, *(am Montag) montags* habe ich <u>immer</u> mein Basketballtraining.

b ⊙ Kommst du <u>morgen</u> *(am Abend)* .... zu mir?

◆ Nein, morgen muss ich zu meiner Großtante.

c ⊙ Was isst du zu Mittag? ◆ *(Am Freitag)* .... esse ich <u>immer</u> Fisch.

d ⊙ Wann ist der Geschichtetest? ◆ *(Am Mittwoch)* ....

e *(Am Montag)* .... und *(am Freitag)* .... habe ich <u>nie</u> Zeit. Da ist mein Tanzkurs.

f *(Am Morgen)* .... esse ich <u>meistens</u> Müsli und trinke einen Tee.

B2 **(10)** **Alexandra war mit ihrer Klasse zum Schüleraustausch in Frankreich.** 🔊 ② 17
Hör zu und beantworte die Fragen mit den richtigen Zeitangaben.

a Wie lange war Alexandra in Frankreich?   *Zwölf Tage*

b Wann ist die Klasse weggefahren?   ....

c Wann sind sie zurückgekommen?   ....

d Wie oft hatten die Schüler in Frankreich Unterricht?   ....

e Wann hatten sie ihr Ausflugsprogramm?   ....

f Wann hat Alexandra sich in der Stadt verlaufen?   ....

g Wann hat sie mit ihrer Gastfamilie Ausflüge gemacht?   ....

h Wann fährt sie das nächste Mal nach Rennes?   ....

B2 **(11)** **Welche Rolle spielen die fünf Intelligenzen in Alexandras Bericht? Schreib Sätze. Nicht alle Verbphrasen passen.**

> ❂ eine CD mit Chansons bekommen ❂ Volleyball spielen ❂ an der falschen Haltestelle aussteigen ❂
> ❂ Mathe einfach finden ❂ tanzen gehen ❂ ~~Französisch lernen~~ ❂ sich mit der Gastfamilie gut verstehen ❂

sprachliche Intelligenz   *Alexandra lernt Französisch.*

mathematische Intelligenz   ....

räumliche Intelligenz   ....

personale Intelligenz   ....

musikalische Intelligenz   ....

Aussprache 👄

(12) **Lies und ergänze die Wörter. Welche zwei Buchstaben fehlen? Hör dann zu und sprich nach.** 🔊 ② 18

A☐☐st   Traini☐☐e☐☐   anfa☐☐en

Verspätu☐☐   Ju☐☐e   la☐☐e   Heizu☐☐

(13) **Ergänze die Dialoge mit Wörtern aus 12. Hör zu und sprich nach.** 🔊 ② 19

a ☉ Wie .... dauert das .... ? ◆ Zwei Stunden.

b ☉ Wann hast du die Hose gekauft? ◆ Vor einem Monat, aber sie ist mir schon zu ....

c ☉ Seit wann hast du .... vor Hunden? ◆ Seit unserem letzten Radausflug.

d ☉ Wann schaltet ihr im Haus die .... ein? ◆ Im Oktober.

e ☉ Wann können wir endlich .... ? ◆ In fünf Minuten.

f ☉ Wann fährt der Bus? ◆ Um zehn nach sieben, aber er hat ....

C Wortschatz

Strategien

C2 (14) Finde die Wörter.
Schreib auch die Artikel und die Pluralformen.

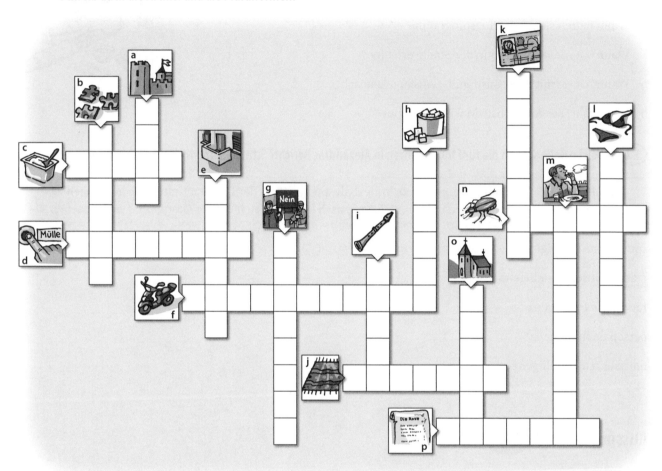

C2 (15) Finde zwei oder mehr Wort-Kategorien und ordne die Wörter aus 14 zu.
Vergleiche dann mit deiner Nachbarin oder deinem Nachbarn.

Beispiele für Kategorien:

Wörter mit einer Silbe, Wörter mit zwei Silben ... (= Wortlänge) *Burg* ....

Maskuline Nomen, feminine Nomen, Adjektive ... (= Grammatik) ....

Mensch, Natur, Wörter für Jungen, Wörter für Mädchen ... (= Bedeutung) ....

Wörter mit einem Vokal, Wörter mit zwei Vokalen ... (= Aussprache) ....

C2 **16** Lies die Sätze, ergänze und markiere. Welche Wörter aus 14 finden die Personen sympathisch ☺, welche finden sie unsympathisch ☹?

a ☹ Ich finde _____ (Pl.) langweilig. Sehr oft verliert man Teile, und dann kann man das Bild nicht fertig legen.

b ☺ Ich mag es, wenn meine Schwester _____ spielt. Das klingt wunderschön.

c ☹ In der Grundschule mussten wir viele _____ (Pl.) abschreiben. Das war furchtbar langweilig, auch wenn die _____ (Pl.) manchmal sehr schön waren.

C2 **17** Finde selbst drei sympathische ☺ und drei unsympathische ☹ Wörter. Warum magst du sie (nicht)? Schreib Sätze und vergleiche mit deiner Nachbarin / deinem Nachbarn.

C2 **18** Finde die Lern- und Strategietipps. Ordne zu und schreib dann drei Sätze über deine Lernerfahrungen.

Beim Lesen und Hören ...	... solltet ihr die Höraufgabe gut durchlesen.
Vor dem Lesen ...	... solltet ihr eure Texte gut durchlesen.
Vor dem Schreiben ...	... sind kleine Grammatikfehler kein Problem, wichtig ist die Kommunikation.
Nach dem Schreiben ...	... solltet ihr die Bilder zum Lesetext ansehen und den Textinhalt erraten.
Beim Sprechen ...	... müsst ihr nicht jedes Wort verstehen.
Vor dem Hören ...	... solltet ihr eure Ideen sammeln.

Beim Lesen habe ich Probleme / keine Probleme / verstehe ich alles / verstehe ich manche Sätze über-

haupt nicht / ... Beim ...

_____

_____

D **Hören: Alltagssprache** (Hallo... t es.)

19 Was weißt du noch? Finde die richtigen Wörter und ergänze die Namen.

→ KB S. 103

(L) Lena (M) Mia (T) Tim (N) Niklas

(L) und ( ) (rfeftne) *treffen* ( ) und ( ) auf der Straße. ( ) und ( ) haben am Vortag ein Elektronik-

geschäft gefunden, aber sie hatten (ehcP) _____. Das Geschäft war (logschesens) _____, weil es gerade

gestrichen wird. ( ) hatte am Vortag einen (fckerabFl) _____ auf dem T-Shirt, und ( ) vermutet

deshalb, dass auch ( ) s Wohnung gestrichen wird. ( ) ist unfreundlich zu Tim, weil sie seine Fragen etwas

(maslets) _____ findet. ( ) erzählt ( ), dass ( ) s Vermutungen teilweise (gchiirt) _____ sind.

D1 20 Was bedeuten die Sätze? Ordne zu und ergänze dann den Dialog mit den Ausdrücken aus der linken Spalte.

Jetzt reicht es aber.	Lass doch den Unsinn.
Wie meinst du denn das?	Ich möchte nicht mehr mit dir sprechen.
Lass doch den Quatsch,	Jetzt ist es genug.
Lass mich in Ruhe.	Kannst du das bitte genauer erklären?
Ich hatte einfach Pech.	Das ist sehr anstrengend und schwierig.
das ist voll stressig,	Ich hatte kein Glück.

Paul: Da ist ja unser cooler Superstar. Das war wohl nicht dein Spiel.

Finn: **a** ....

Paul: Du hast heute furchtbar schlecht gespielt.

Finn: **b** ....

Paul: Viermal alleine vor dem Tormann und kein Tor. Das nennst du Pech?

Tobias: *Lass doch den Quatsch* Paul.

Paul: Aber wir verlieren die Meisterschaft, und unserem Superstar ist das egal.

Finn: Jetzt hör schon auf. **c** ....

Paul: Wir trainieren jeden Tag, **d** .... und du kommst nur einmal

alle zwei Wochen vorbei, ich finde das absolut uncool.

Finn: **e** .... Hör endlich auf. Das nächste Spiel wird sicher besser.

E Grammatik

Passiv

E1 21 Ordne die Sätze den Bildern zu.

a Das Fahrrad wird geputzt.
b Nicole schreibt einen Brief.
c Tanja putzt das Fahrrad.
d Das Geschirr wird abgewaschen.
e Ein Brief wird geschrieben.
f Briefmarken werden sortiert.
g Alex sortiert seine Briefmarken.
h Lukas wäscht das Geschirr ab.

 ①  ②  ③
 ④ 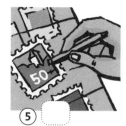 ⑤
 ⑥  ⑦ 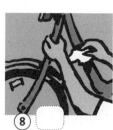 ⑧

22 *Eine SMS schreiben* und *ein Zimmer streichen*. Ordne die Satzteile und schreib zwei kurze Texte.

a wird – der Text – Schließlich – weggeschickt – .
b ausgeräumt – wird – das – Dann – Zimmer – .
c der Text – Danach – eingegeben – wird – .
d werden – Danach – abgeklebt – und – die Fenster und Türen – gemischt – wird – die Farbe – .
e wird – Farbe – eingekauft – Zuerst – .
f wird – eingeschaltet – das Handy – Zuerst – .
g wird – Schließlich – das Zimmer – gestrichen – .
h Dann – gewählt – die Telefonnummer – wird – .

Eine SMS schreiben: *Zuerst wird das Handy …*

Ein Zimmer streichen:

23 Schreib die Texte aus 22 noch einmal. Claudia und Carolin streichen das Zimmer, Lukas schreibt eine SMS.

Zuerst kaufen Claudia und Carolin Farbe ein. Dann räumen sie …

Zuerst schaltet Lukas sein Handy ein. Danach gibt er …

24 Lies die Anzeige und unterstreiche die Passivsätze. Wer macht was? Ordne die Tätigkeiten den Berufen zu und schreib fünf Aktivsätze.

Eure Abiturreise ins Luxussommercamp Malibu
Nach dem Lernstress: Entspannung pur – *Lasst uns für euch arbeiten!*

Anreise: Ihr werdet mit dem Taxi vom Flughafen abgeholt und ins Feriencamp gefahren.
Animation: Am Pool und auf dem Sportplatz werden jeden Tag Spiele organisiert. Jede Woche werden Tennis-, Volleyball- und Fußballturniere organisiert. Am Strand werden Surf- und Tauchkurse angeboten. Abends wird in vier Discos eure Lieblingsmusik gespielt.

Essen und Trinken: Das Frühstück wird jeden Tag auf der wunderschönen Strandterrasse serviert. In zwölf verschiedenen Restaurants wird gekocht und gegrillt, den ganzen Tag lang! In fünf Strandbars werden rund um die Uhr Getränke und kleine Speisen angeboten.
Ausflüge: Lust auf Kultur? Bei unseren Ausflügen werdet ihr zu den interessantesten Sehenswürdigkeiten rund um die Stadt gebracht.

Wir organisieren alles für euch – ihr müsst nur anrufen und buchen: info@malibucamp.de

❂ Tauchlehrer ❂ Discjockey ❂ Angestellte im Reisebüro ❂ Taxifahrer ❂
❂ Kellner ❂ Reiseführer ❂ Animateure ❂ Surflehrer ❂ Köche

Ein Taxifahrer holt die Schüler …

Finale: Fertigkeitentraining

25 Hör zu, ordne zu und markiere: Was gefällt den Schülern in ihrer Schule? Was gefällt ihnen nicht? 🔊 **2** 20
Welche Intelligenzen werden angesprochen?

				Intelligenz
a	Sarah	Schulhaus und Schulpark	😐	
b	Dirk	Schulband	😐	
c	Jonas	Schülerzeitung	😐	
d	Julia	Mathematik- und Physikunterricht	🙂	
e	Marie	Sportplatz	🙁	

✪ räumlich ✪ mathematisch ✪ sprachlich ✪ musikalisch ✪ körperlich ✪

E2 **26** Hör noch einmal. Wie heißen die Sätze im Hörtext? Schreib die Passivsätze aus dem Hörtext auf. 🔊 **2** 20

a Ich hoffe, da macht man bald etwas. *Ich hoffe, da wird bald etwas gemacht* .

b Ab heute verteilen wir die neue Zeitung. ....

c Man schließt die Mensa um 14:00 Uhr. ....

d An der Schule von meinem Bruder spielt man Basketball und Fußball.

....

e Man kauft neue Unterrichtsmaterialien für den Physikunterricht.

....

E2 **27** Lies den Text und beantworte die Fragen.

Schimpf nicht – mach es besser!
Mach mit bei unserem Aufsatzwettbewerb!

Kennst du das? Dich stört etwas, du ärgerst dich, und du schimpfst ... Doch Schimpfen allein hilft nicht. Wenn dich etwas wirklich stört, schreib es auf und schick uns deinen Text. Schmeckt dir das Essen in der Mensa nicht? Findest du die Schulregeln unfair? ... Was gefällt dir an unserer Schule nicht? Und warum? Schreib einen Aufsatz und erkläre uns dein Problem. Nenne aber auch mögliche Lösungen. Die besten Aufsätze gewinnen Buchpreise.
Schick deinen Text an diese Adresse: yoyo@schule.de.

a Was stört Schüler oft an der Schule? Gib drei Beispiele.

....

b Wer kann beim Wettbewerb mitmachen?

....

c Was kann man gewinnen?

....

28 Lies Mark Bergers Text. Was meinst du? Hat er einen Preis gewonnen? Warum? / Warum nicht?

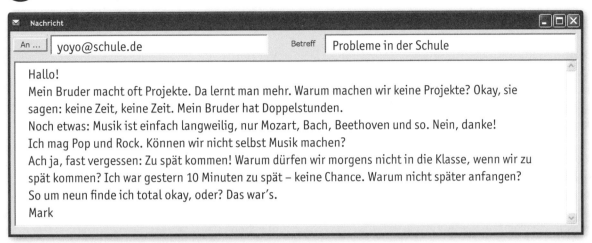

> ✉ Nachricht — □ ✕
>
> | An ... | yoyo@schule.de | Betreff | Probleme in der Schule |
>
> Hallo!
> Mein Bruder macht oft Projekte. Da lernt man mehr. Warum machen wir keine Projekte? Okay, sie
> sagen: keine Zeit, keine Zeit. Mein Bruder hat Doppelstunden.
> Noch etwas: Musik ist einfach langweilig, nur Mozart, Bach, Beethoven und so. Nein, danke!
> Ich mag Pop und Rock. Können wir nicht selbst Musik machen?
> Ach ja, fast vergessen: Zu spät kommen! Warum dürfen wir morgens nicht in die Klasse, wenn wir zu
> spät kommen? Ich war gestern 10 Minuten zu spät – keine Chance. Warum nicht später anfangen?
> So um neun finde ich total okay, oder? Das war's.
> Mark

> **Strategietipp – Schreiben**
>
> Ein Aufsatz ist etwas anderes als eine E-Mail oder ein Text im Internet-Forum. Du musst deine
> Ideen ordnen und klar präsentieren. Hier ein paar Tipps:
> • Beginne deinen Text mit einem Einleitungssatz und beende den Text mit einem Schlusssatz.
> • Gib genaue Informationen. Deine Leser müssen genau verstehen, was du meinst.
> **Zum Beispiel:** *Unsere Lehrer sagen, dass wir nicht genug Zeit für Projekte haben.*
> Nicht: *Sie sagen: keine Zeit, keine Zeit.*
> • Schreib ganze Sätze.
> **Zum Beispiel:** *Wir möchten nicht immer nur Mozart, Bach und Beethoven hören.*
> Nicht: *nur Mozart, Bach, Beethoven und so. Nein, danke!*
> • Wörter und Sätze wie *okay* oder *das war's* passen nicht in einen Aufsatztext.
> • Verbinde deine Ideen, z. B. mit diesen Wörtern: *zuerst, erstens, zweitens ..., schließlich ...*

29 Mark hat keinen Preis gewonnen! Er hat seinen Text noch einmal geschrieben. Ordne die Sätze chronologisch.

[ ] **a** Erstens finde ich, dass wir mehr Projekte haben sollten. Mein Bruder hat in seiner Schule oft Projekt-unterricht. Unsere Lehrer sagen immer, dass wir nicht genug Zeit für Projekte haben. [ ] **b** Vielleicht können wir auch selbst Musik machen. Das macht sicher mehr Spaß als nur Musik zu hören. [ ] **c** Schließlich sollten wir die Schulregeln diskutieren. Ich finde einige Regeln zu streng. Wenn man zum Beispiel morgens einige Minuten später kommt, darf man erst eine Stunde später in die Klasse. [ ] **d** Ich bin sicher, dass diese drei Ideen unsere Schule für viele Schülerinnen und Schüler noch attraktiver machen können. [ ] **e** Vielleicht gibt es im Stundenplan Platz für Doppelstunden. Dann hätten wir mehr Zeit für Projekte. [ ] **f** Das Hahn–Gymnasium ist sicher eine gute Schule. Trotzdem kann man auch bei uns einige Dinge noch besser machen. [ ] **g** Zweitens sollten wir im Musikunterricht nicht nur klassische Musik hören. Viele Schüler finden zum Beispiel Pop und Rock besser. [ ] **h** Ich finde, wir sollten einfach später mit der Schule beginnen, dann kommen sicher auch nicht mehr so viele Schüler zu spät.

30 Schreib einen Text für den Wettbewerb. Was kann man an deiner Schule noch besser machen? Die Strategietipps und das Beispiel in Übung 29 helfen dir.

Lernwortschatz

Nomen

Bankkauffrau, die, -en
Bankkaufmann, der, ̈er
Schriftsteller, der, –
Punkt, der, -e
Raum, der, ̈e
Dichter, der, –
Gespräch, das, -e
Partner, der, –
Partnerin, die, -nen
Gymnastik, die (Sg.)
Ausweis, der, -e
Balkon, der, -e
Bikini, der, -s
Burg, die, -en
Flöte, die, -n
Gedicht, das, -e
Insekt, das, -en
Kirche, die, -n
Quark, der (Sg.)
Teppich, der, -e
Puzzle, das, -s
Zucker, der (Sg.)
Motorroller, der, –
Wiedersehen, das (Sg.)
Pech, das (Sg.)
Quatsch, der (Sg.)
Ruhe, die (Sg.)
Fußgängerzone, die, -n
Tablette, die, -n
Flohmarkt, der, ̈e
Bücherei, die, -en
Wettbewerb, der, -e
Preis, der, -e

Verben

verreisen
erreichen
kontrollieren
sich verkleiden
benutzen
abschreiben
klingeln
streiken
öffnen
abgeben

Adjektive

schädlich
stressig

andere Wörter

mindestens
montags
morgens
übermorgen
vorgestern
einige
zuletzt

Wichtige Wendungen

Erzählen mit Zeitangaben

Letzten Sommer war ich in der Schweiz.
Vor einem Jahr war ich im Urlaub in Kroatien.

Abläufe beschreiben

Zuerst wird Wasser heiß gemacht.
Dann wird das Gepäck abgegeben.

Alltagssprache

Das ist voll stressig.
Jetzt reicht es aber!
Lass doch den Quatsch.
Lass mich in Ruhe.
Ich hatte einfach Pech.
Wie meinst du denn das?

Das kann ich jetzt ...

... gut.

... mit Hilfe.

Das übe ich noch.

1 Wörter

Ich kann zu den Themen sechs Wörter nennen:

a Temporale Adverbien: *montags,* .... ○ ○ ○

b Lernen und Intelligenz: *Gedächtnis,* .... ○ ○ ○

2 Sprechen

a Persönliche Geschichten zum Thema
„Intelligenzen im Alltag" erzählen: ○ ○ ○

Seit meinem dritten Lebensjahr ...
Letzten Sommer ... Schließlich ...

b Alltagsaktivitäten beschreiben: ○ ○ ○

Zuerst wird Wasser heiß gemacht, dann werden ...

c Über Alltagsaktivitäten sprechen: ○ ○ ○

Mein Zimmer räume ich selbst auf, die Wäsche
wird für mich gewaschen, ...

3 Lesen und Hören

Die Texte verstehe ich:

a Wunderkinder (→ KB S. 99) ○ ○ ○

b Intelligenzen im Alltag (→ KB S. 100) ○ ○ ○

c Gedächtnistipps (→ KB S. 101) ○ ○ ○

d Das Spiegelbild, Teil 2: Das Wiedersehen (→ KB S. 103) ○ ○ ○

e Alles vergessen! (→ KB S. 105) ○ ○ ○

4 Schreiben

Eine Geschichte zum Thema „Vergessen". ○ ○ ○

A Text

A2 **1** **Was weißt du noch? Ordne die unterstrichenen Textteile.** KB S. 106

Bioniker kopieren Erfindungen, **a** <u>das niemals stumpf wird</u>. So gibt es heute Kleidungsstücke, **b** <u>die sie in der Natur sehen</u>. Die Lotusblume war dafür das Vorbild. Bioniker haben auch die Kommunikationstechnik erforscht, **c** <u>der das Fliegen von den Vögeln lernen wollte</u>. Spezielle Computer arbeiten heute schon mit dieser Technik. Ein Schwimmanzug, **d** <u>die wie die Bäume in der Natur aussehen</u>, macht bald neue Weltrekorde möglich. Techniker bauen Konstruktionen, **e** <u>der wie die Haut eines Haifisches aussieht</u>. Sie können deshalb sehr viel Gewicht tragen. Auch kann man heute schon ein Messer kaufen, **f** <u>die länger sauber bleiben</u>, weil es wie ein Rattenzahn funktioniert. Der erste Bioniker war Leonardo da Vinci, **g** <u>die Delfine unter Wasser benutzen</u>.

b						

B Grammatik

Relativsätze, Genitiv

B1 **2** **Wer oder was ist gemeint? Unterstreiche und ordne die richtigen Namen zu.**
Die Antworten findest du in den Lektionen 19-23 von „Ideen".

a Ein Künstler und Wissenschafter, <u>der</u> | das | die im 16. Jahrhundert gelebt hat.

b Ein Skifahrer, der | das | die einen furchtbaren Unfall hatte.

c Ein Junge, der | das | die mit sechs Jahren über Nacht Klavier spielen lernte.

d Zwei Menschen, der | das | die hohe personale Intelligenz hatten.

e Eine Studentin, der | das | die gegen die Nazis politisch aktiv war.

f Ein Film, der | das | die eine Geschichte dreimal erzählt.

g Ein Fest, der | das | die für Mädchen sehr anstrengend sein kann.

h Ein Mädchen, der | das | die schon mit drei Jahren wie eine Künstlerin zeichnete.

1 Hermann Maier
2 Nadia
3 Sophie Scholl
4 Seijin no Hi
5 Matt Savage
6 Leonardo da Vinci
7 „Lola rennt"
8 Mutter Teresa und Mahatma Gandhi

B1 **③** Ergänze die Relativpronomen und ordne zu.
Welches Wort im Rätsel passt zu welcher Erklärung?

a Kleidungsstücke,
b Ein großes graues Tier,
c Ein Getränk,
d Ein Gemüse,
e Eine Frucht,
f Ein Mensch,
g Ein sehr großes Auto,
h Eine Frau,

☐ in Afrika und Indien lebt.
☐ hilft, wenn man müde ist.
☐ kranken Menschen in einem Krankenhaus hilft.
☐ in südlichen Ländern wächst.
☐ rot, rund und so groß wie ein Apfel ist.
die man an den Füßen trägt.
☐ neben meinem Haus wohnt.
☐ viele Menschen gemeinsam benutzen.

```
            E
   N        L
   A        E        K
   C        F        R
   H        A        A
   B  A  N  A  N  E
   A        T        K
   R                 E
                     N
            B  U  S
                     C
a  S  C  H  U  H     E
                     W
            K  A  F  F  E  E
                     S
            T  O  M  A  T  E
                     E
                     R
```

B1 **④** Was ist das? Finde Erklärungen für die Drudel. Schreib Relativsätze.

Drudel sind Bilderrätsel. Den Namen *Droodle* (deutsch: *Drudel*) hat der Amerikaner Roger Price im Jahr 1950 erfunden.

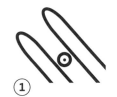 ①

②

 ③

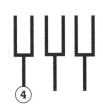 ④

⑤

 ⑥

 ⑦

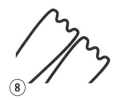 ⑧

✪ auf dem Tisch liegen ✪ in der Badewanne liegen ✪ nur weiße Tasten haben ✪
✪ das Meer suchen ✪ beim Rennen einen Fehler machen ✪
✪ durch ein Schlüsselloch schauen ✪ um die Ecke gehen ✪ über dem Bett hängen ✪

a Bild eins ist ein Skifahrer, ...

b Bild zwei ist ein Kind, ...

c Auf Bild drei sind drei Bleistifte, ...

d Bild vier ist ein Klavier, ...

e Bild fünf ist eine Frau, ...

f Bild sechs ist ein Pferd, ...

g Bild sieben ist eine Lampe, ...

h Bild acht ist ein Taucher, ...

B1 ⑤ Gustav Gansmann ist Hobby-Erfinder. Frau Berger hat vor einer Stunde sein Arbeitszimmer aufgeräumt. Wo waren seine Sachen vor dem Aufräumen? Zeichne die Gegenstände an die richtige Stelle im Bild. 🔊 **2** 21

B1 ⑥ Ergänze die Texte mit Relativsätzen. Verwende die Informationen im Kasten. Was haben diese zwei Männer erfunden?

a ❂ Elfriede Maltzahn wohnt auch in Rostock. ❂ Der Wind ist für sie unerträglich. ❂

Rostock, 1882. Ludolph Bartelmann arbeitet in seiner Werkstatt. Die siebzigjährige, kranke Elfriede Maltzahn,

...., erzählt ihm von ihren Problemen.

Ihr Lieblingsplatz ist der Strand, doch sie ist nicht mehr so gesund. Es ist der Wind, ...

.... Da hat Bartelmann eine Idee ...

Erfindung: ....

b ❂ Der Zoo liegt nicht weit von seinem Haus entfernt. ❂ Die Tiere gefallen ihm dort am besten. ❂

Stuttgart, 1903. Richard Steiff geht einmal pro Woche in den Zoo, ...

.... Die Tiere, ..., sind die Bären.

Stundenlang sieht er ihnen zu und zeichnet sie. Da hat er eine Idee ...

Erfindung: ....

b Teddybär   **a** Strandkorb

B2 (7) **Wer hat was erfunden? Ordne zu und schreib für jeden Namen einen Satz.** → KB S. 109

> ✪ die Rolltreppe ✪ Kontaktlinsen ✪ der Kugelschreiber ✪
> ✪ die Geschirrspülmaschine ✪ das Mountainbike ✪ der Helikopter ✪

a Laszlo Biro — *Laszlo Biros Erfindung / Die Erfindung von Laszlo Biro war*

b Heinrich Wöhlk

c Gary Fisher

d Jesse Reno

e Igor Sigorski

f Josephine Cochrane

B2 (8) **Lies den Text und beantworte die Fragen.**

Junge Erfinder

Es war nicht die Idee des Computerlehrers und auch nicht die Idee der Physiklehrerin. Drei Schüler des Carl-Zeiss-Gymnasiums in Jena spielten selbst Erfinder: „Wir bauen eine Fußmaus, also eine Computermaus für die Füße, dann sind die Hände der Benutzer frei für das Schreiben der Texte!" Die Schüler und Lehrer der Schule waren begeistert, und auch beim Wettbewerb der Aktion „Jugend forscht" konnten die Nachwuchs-Erfinder einen Preis gewinnen.

a Wie heißt die Erfindung?

b Wer hat sie erfunden?

c Warum ist die Erfindung nützlich?

B2 (9) **Finde die sieben Genitive im Text in 8 und schreib sie auf.**
Schreib auch den Nominativ und ergänze dann die Tabelle.

Genitiv	Nominativ
a *die Idee des Computerlehrers*	*der Computerlehrer*
b	
c	
d	
e	
f	
g	

die Idee	**des** Computerlehrers	*eines Computerlehrers*	**-es** (Nomen + **s**)
die Schüler	**des** Gymnasiums		**-es** (Nomen + **s**)
die Idee	**der** Computerlehrerin		**-er**
die Hände	**der** Benutzer	*ihrer Benutzer*	**-er**

Lerntipp – Grammatik
Beim Dativ und beim Genitiv bekommen alle
Artikelwörter (*der, dieser, jeder, ein, kein, mein, dein ...*)
dieselben Endungen.
Dativ: **-em/-em/-er/-en** (Nomen +**n**)
Genitiv: **-es** (Nomen +**s**) / **-es** (Nomen +**s**)/**-er/-er**
Tipp: Sprich diese Endungen rhythmisch, dann merkst
du sie dir leichter.
Dativ: em/em/er/en-en   Genitiv: es-s/es-s/-er/-er

B2 **(10)** **Wer ist Anna? Beschreibe Annas verschiedene Rollen.**

a (Schülerin – der Flötenlehrer Alf) *Anna ist die Schülerin des Flötenlehrers Alf.*

b (Babysitterin – die Nachbarn) ....

c (Kundin – der Supermarkt) ....

d (Einwohnerin – die Stadt Frankfurt) ....

e (die beste Spielerin – die Fußballmannschaft) ....

f (Besitzerin – ein Moped) ....

g (Computerexpertin – ihre Klasse) ....

h (Nachhilfelehrerin – ihr Cousin) ....

B2 **(11)** **Wer oder was bist du alles? Beschreibe fünf Rollen in deinem Leben.**

Ich bin ....

....

....

B2 **(12)** **Ergänze die Genitive zu den Sätzen. Verwende die Informationen im Kasten.**

> ✪ Wir essen mittags oft in der Pizzeria „Roma". ✪ Ich habe den Horrorfilm gesehen. ✪
> ✪ Ich möchte den Pullover kaufen. ✪ ~~Tom hat einen neuen Sportwagen.~~ ✪
> ✪ Meine Schularbeiten in Deutsch waren nicht gut. ✪ Die Konzertkarten waren zu teuer. ✪

a *Toms* Sportwagen ist super! Ich durfte letztes Wochenende mitfahren.

b Die Räume .... werden gerade gestrichen. Deshalb können wir dort nicht zu Mittag essen.

c Aber die Farbe .... gefällt mir nicht. Gehen wir in anderes Geschäft.

d Wir fahren nun doch nicht nach Köln. Der Preis .... war zu hoch.

e Vor allem die letzte Szene .... war furchtbar. Ich hatte richtig Angst.

f Die Noten .... waren schon einmal besser, aber das Referat war gut.

C Wortschatz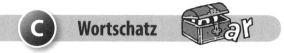

C1 **13** Löse das Kreuzworträtsel. Wie heißt das Lösungswort?

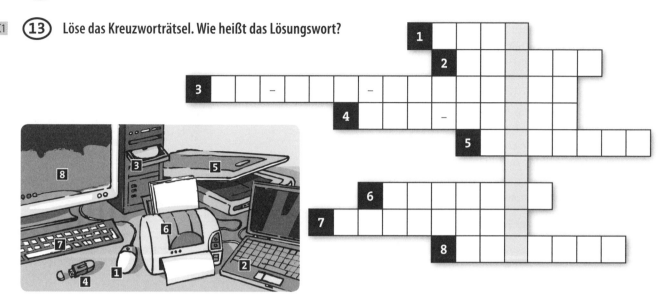

C1 **14** Finde die Wörter und ordne sie den Symbolen zu.

○ Ordner
○ ausdrucken
○ anklicken
○ brennen
○ Datei
○ hochfahren
○ speichern
○ herunterladen
○ Suchmaschine

a ....

b ....

c ....

d ....

e ....

f ....

g ....

h ....

i ....

C1 **15** Ergänze die Sätze mit sieben Wörtern aus 14 in der richtigen Form.

a Warte, ich mach dir eine Kopie. Ich .... dir eine CD.

b Mein Computer ist so langsam! Beim Einschalten dauert es immer sehr lange, bis er ....

c Oh nein! Das Programm funktioniert nicht mehr, und ich habe meine Arbeit nicht .... !

d Ich brauche ein paar Informationen zum Thema Bionik, und meine .... hat 548.000 Internetseiten gefunden.

e Welches Zeichen muss ich ...., wenn ich die Mail abschicken will?

f Die Arbeit ist fertig, ich .... sie nur noch .... Morgen muss ich sie abgeben.

g Die .... ist nicht im richtigen Ordner. Ich muss das Suchprogramm starten.

D Hören: Alltagssprache

D2 **(16)** **Was weißt du noch? Lies die Fragen, finde die passenden Antworten und ergänze sie mit einem Genitiv oder einem Relativsatz.** (→ KB S. 111)

a Was macht Tim in seiner Kellerwerkstatt?
b Was verabreden die beiden?
c Was möchte Mia von Tim?
d Wo treffen sich Mia und Niklas?
e Was meint Mia? Welches Geschenk soll Niklas kaufen?
f Was möchte Niklas kaufen?

d	In der Geschirrabteilung, im Untergeschoss (*ein Kaufhaus*) ....
	Ein Geschenk zur Hochzeit (*seine Schwester*) ....
	Ein Geschenk, (*es ist nützlich*) ....: einen Salzstreuer.
	Er baut elektronische Geräte, (*sie funktionieren wirklich*) ....
	Er soll ihren Computer reparieren, (*er spinnt wieder einmal*) ....
	Sie wollen mit Lena, (*sie findet Niklas Freund interessant*) .... , zu Tims Werkstatt gehen.

D2 **(17)** **Was bedeuten die unterstrichenen Ausdrücke? Ordne zu und ergänze dann den Dialog mit den Ausdrücken aus der linken Spalte.**

ich <u>sage</u> Ihnen <u>Bescheid</u>	sehr schnell
ich brauche mein Handy <u>dringend</u>	ich brauche keine Hilfe
<u>Niemand außer mir</u>	mit Geld
Zahlen Sie <u>bar</u> oder mit Karte	nur ich
<u>Wo habe ich</u> nur meine Karte <u>gelassen</u>	ich gebe Ihnen die Informationen
mit dem Handy <u>stimmt etwas nicht</u>	Wo ist nur ...?
<u>das geht</u> schon <u>so</u>	ist etwas nicht in Ordnung

Verkäufer: Guten Tag, kann ich Ihnen helfen?

Katja: Ja, ich habe dieses Handy hier gekauft, aber **a** ....

Verkäufer: Funktioniert es nicht?

Katja: Es schaltet sich alle fünf Minuten aus. **b** .... hat so ein Problem.

Verkäufer: Wir müssen das Handy an die Firma schicken und **c** .... , wenn ich etwas Neues weiß. In zwei Wochen wissen wir mehr.

Katja: Aber **d** .... , zwei Wochen sind zu lang.

Verkäufer: Sie können ein Leihhandy haben, aber sie müssen 50 Euro dafür zahlen.

Katja: Das mache ich. Die 50 Euro bekomme ich dann wieder zurück, oder?

Verkäufer: Ja natürlich. **e** .... ?

Katja: Mit Karte. **f** .... ? ... Ach hier.

Verkäufer: Brauchen Sie eine Tüte?

Katja: Nein danke, **g** ....

E Grammatik

Indirekte Fragesätze

E1 **(18)** Katrin war mit ihrer kleinen Schwester Melli im Zoo. Katrin erzählt ihren Eltern, was Melli gefragt hat. Schreib indirekte Fragesätze.

a „Warum schaut der Löwe so traurig?"

Melli wollte wissen, warum der Löwe so traurig schaut.

b „Darf ich das Futter von der Springmaus probieren?" (*ob*)

Melli hat gefragt, ob ....

c „Welcher Wolf hat Rotkäppchens Großmutter gefressen?"

....

d „Warum darf ich nicht auf dem Nilpferd reiten?"

....

e „Ist es den Eisbären nicht zu warm?" (*ob*)

....

f „Sind die Schlange und die Maus Freunde?" (*ob*)

....

g „Warum wohnen sie dann zusammen?"

....

E1 **(19)** Was sagen die Personen? Schreib die Sätze in die Sprechblasen.

Der Kellner fragt den Jungen, ob er etwas essen möchte. Der Junge will wissen, ob es ein billiges Menü gibt.

Sie möchte wissen, wie sie zum Bahnhof kommt. Er fragt sie, ob sie mit dem Bus fahren oder zu Fuß gehen will.

Sie will wissen, wann sie die Englischhausaufgabe abgeben müssen. Er fragt sie, ob sie überhaupt eine Hausaufgabe in Englisch bekommen haben.

Die Jugendlichen fragen, ob es in der Nähe einen Campingplatz gibt. Der alte Mann fragt sie, ob sie nicht lieber in der Jugendherberge schlafen wollen.

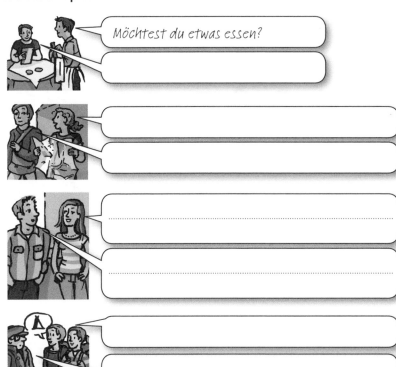

Möchtest du etwas essen?

Der Junge will wissen, wie spät es ist. Seine Freundin fragt ihn, ob er keine Uhr hat.

Olli will wissen, ob Marlene den Krimi im Fernsehen sehen will. Marlene fragt, ob sie nicht lieber Musik hören sollen.

E2 (20) **Wer fragt was? Schreib noch einmal indirekte Fragesätze.**

a Lehrerin: Warum kommst du zu spät, Carina?

Die Lehrerin fragt Carina, warum ....

b Jakob: Kannst du mir helfen, Anna?

....

c Michael: Kommt Sabrina auch auf die Party, Mark?

....

d Andreas: Haben Sie unsere Tests korrigiert, Herr Speck?

....

e Frau Kohler: Wie alt bist du, Julia?

....

f Lukas: Wie spät ist es, Mama?

....

Aussprache

(21) **Hör zu und markiere die Satzmelodie.** ↗ ↘ → ◀)) ❷ 22

a Weißt du, → wann Toms Party beginnt? ☐

Beginnt sie um fünf ☐ oder erst um sechs? ☐

Ich frage mich, ☐ ob Daniel auch eingeladen ist. ☐

Was meinst du? ☐ Kommt Daniel auch? ☐

b Sag mir bitte, ☐ was ich anziehen soll. ☐

Passt die Bluse ☐ oder soll ich doch lieber das T-Shirt nehmen? ☐

c Kannst du mir erklären, ☐ wie man zu Toms Haus kommt? ☐

Soll ich den Bus nehmen ☐ oder das Fahrrad? ☐

(22) **Auf dem Bahnhof oder im Supermarkt? Welche Frage passt zu welcher Situation? Ergänze und lies die Sätze laut.**

Können Sie mir sagen, ...

Wissen Sie, ...

Können Sie mir erklären, ...

Können Sie mir zeigen, ...

a Ist der Zug aus Nürnberg schon angekommen? `B`

b Wo kann ich eine Einkaufstüte bekommen?

c Haben Sie auch Briefpapier?

d Wo kann ich mein Gepäck lassen?

e Wie komme ich am schnellsten nach München?

f Wie viel kostet ein Kilo Kartoffel?

g Wo ist die Milch?

h Wann fährt der EC 234 ab?

i Wie macht man die Dose auf?

j Wo ist Bahnsteig 12 a?

B auf dem Bahnhof

S im Supermarkt

> *Wissen Sie, ob der Zug aus Nürnberg schon angekommen ist?*

Finale: Fertigkeitentraining

(23) **Lies den Text. Sind die Aussagen zum Text richtig oder falsch?**

„Dann schalte ich ihn einfach aus ..."
Von elektronischen Freunden und Maschinenhunden

Emmas Hund heißt Akron. Wenn Emma von der Schule nach Hause kommt, sitzt er neben ihrem Bett und wartet auf sie. Wenn Emma ihn ruft, kommt er und begrüßt sie fröhlich. Mit seinen großen braunen Augen und seinen langen Ohren sieht er wirklich süß aus: Das ideale Haustier für ein siebenjähriges Mädchen. Manchmal ist Emma müde. Akron will aber trotzdem mit ihr spielen oder gefüttert werden. Für Emma ist das kein Problem. Sie schaltet Akron dann einfach aus. Das ist möglich, denn Emmas Hund ist ein elektronisches Spielzeug.

Emma wollte so gern einen richtigen Hund haben, doch ihre Eltern waren dagegen. „Wir haben nur eine kleine Wohnung, und wir haben niemanden, der auf deinen Hund aufpassen kann", war ihre Antwort.

In einem Geschäft für elektronisches Spielzeug haben sie dann Akron gesehen: Ein Hund, der kein Fressen braucht, ein Hund, der keinen Schmutz macht, ein Hund, der süß aussieht und der mehr als hundert verschiedene Dinge tun kann. Ein perfektes Geschenk für Emma!

Vielleicht wünscht sich Emma trotzdem sehr bald wieder einen richtigen Hund. Elektronisches Spielzeug ist für Kinder oft nur eine kurze Zeit lang attraktiv. In den neunziger Jahren fanden viele Jugendliche zum Beispiel Tamagotchis toll. Ein Tamagotchi ist ein kleines elektronisches Huhn, das mit seinem Besitzer kommunizieren kann. Es kann seinem Besitzer sagen, wann es hungrig ist, wann es müde ist, ob es schlafen will, ob es traurig ist usw. Sein Besitzer muss dann richtig reagieren, sonst stirbt das

Tamagotchi. Die Firma, die die kleinen Tamagotchis produziert hat, hat in wenigen Jahren mehr als 40 Millionen Stück verkauft. Doch bald war das Spielzeug nicht mehr interessant für die Jugendlichen und die Spielzeugfirmen mussten neues Spielzeug erfinden.

Für das Handy kannst du dir heute zum Beispiel elektronische Freunde kaufen. Jungen und Mädchen müssen so nicht mehr zu Hause auf eine SMS ihrer wirklichen Freunde warten. Sie bekommen jeden Tag Nachrichten von ihrem elektronischen Freund in ihrem Handy. Der will wissen, wie man sich fühlt, was man gemacht hat, ob man Lust auf Kino hat usw. Die elektronischen Freunde leben ihr eigenes Leben in deinem Handy, das sich aber ändert, wenn du die Spielregeln änderst. Und wenn dich dein elektronischer Freund nervt, dann schaltest du das Handy einfach aus.

	richtig	falsch
a Emmas Hund kann sehr viel, obwohl er nur ein Spielzeughund ist.	☐	☐
b Emma wünscht sich einen richtigen Hund.	☐	☐
c Emmas Eltern haben Akron gekauft, weil er ein praktisches „Haustier" ist.	☐	☐
d Kinder spielen lange und gerne mit elektronischem Spielzeug.	☐	☐
e Tamagotchis waren einige Jahre lang sehr beliebt.	☐	☐
f Tamagotchis können sterben, wenn der Besitzer etwas falsch macht.	☐	☐
g Mit dem Handy bekommt man einen elektronischen Freund dazu.	☐	☐
h Die elektronischen Freunde im Handy muss man jeden Tag anrufen.	☐	☐

(24) **Probleme mit echten Freunden. Hör Toms Anrufe auf Martinas Mailbox. Kreuze an.** 🔊 **2** 23

a Mit wem war Tom im Kino?

☐ mit Lukas und Silvia ☐ mit Martina ☐ mit Silvia

b Wie lange war Tom nach dem Kino im Café?

☐ eine Stunde ☐ eine halbe Stunde ☐ von 16:00 bis 18:00 Uhr

c Was haben Tom und Silvia beim Schulkiosk gemacht?

☐ Freunde getroffen ☐ Mathematik gelernt ☐ Englisch gelernt

d Wo war Tom am Nachmittag?

☐ mit dem Fahrrad in der Stadt ☐ beim Fußballtraining ☐ bei Silvia

e Was möchte Tom?

☐ mit Silvia zum Turnersee fahren ☐ mit Martina sprechen ☐ in Mathematik besser sein

f Warum ruft Martina Tom nicht an? Was glaubst du?

☐ Sie hat Toms Nachrichten nicht gehört. ☐ Sie ist böse auf Tom.

Strategietipp – Hören

Deine Lehrerin oder dein Lehrer kann dir die Texte zu den Hörübungen im Arbeitsbuch geben. Mit diesen Texten kannst du weitere Hörübungen machen. Hier sind einige Ideen:
- Du kannst den Text lesen und gleichzeitig die CD hören.
- Du kannst die CD hören und den Text laut mitlesen.
- Du kannst mit einem Korrekturstift Wörter oder Satzteile aus dem Text streichen.

Zum Beispiel: Arbeitet zu zweit. Streicht alle Verben oder jedes sechste Wort im Text eures Partners oder eurer Partnerin. Dann tauscht ihr die Texte. Zwei Tage später hörst du den Text noch einmal und ergänzt die Lücken.

(25) **Wer hat wen gefragt? Hör noch einmal und schreib indirekte Fragesätze.**

a „Gehst du mit mir ins Kino?"

Silvia hat _____ *gefragt,* _____

b „Gehen wir noch etwas trinken?"

_____

c „Kannst du mir die Hausaufgabe in Mathematik erklären?"

_____

d „Habe ich wirklich dein Fahrrad vor Silvias Haus gesehen?"

_____

e „Warum hilfst du Silvia in Mathematik?"

_____

(26) **Stell dir vor, du bist Martina. Schreib eine E-Mail an Tom. Schreib zu diesen Punkten einen oder zwei Sätze.**

• Ausflug zum Turnersee am Wochenende
• Deine (= Martinas) Gefühle
• Toms „Nachhilfestunden" für Silvia
• Deine (= Martinas) Freundschaft zu Tom

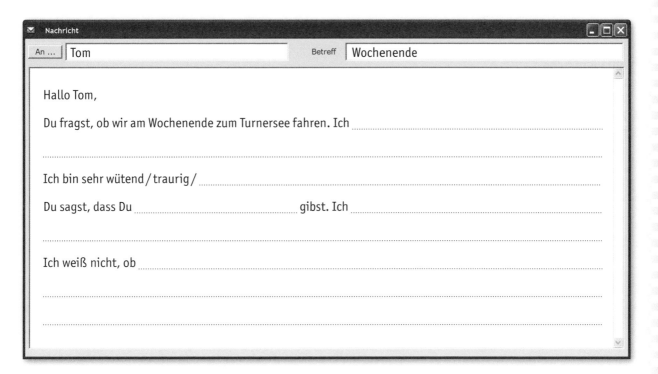

An … | Tom   Betreff | Wochenende

Hallo Tom,

Du fragst, ob wir am Wochenende zum Turnersee fahren. Ich _____

_____

Ich bin sehr wütend / traurig / _____

Du sagst, dass Du _____ gibst. Ich _____

_____

Ich weiß nicht, ob _____

_____

_____

23

Nomen

Anzug, der, ⸚e ....

Pflanze, die, -n ....

Welt, die (Sg.) ....

Blatt, das, ⸚er ....

Zahn, der, ⸚e ....

Vogel, der, ⸚ ....

Kaugummi, der, -s ....

Maschine, die, -n ....

Nähe, die (Sg.) ....

Tasse, die, -n ....

Treppe, die, -n ....

Maus, die, ⸚e ....

Spielzeug, das (Sg.) ....

Kasse, die, -n ....

Verben

teilen ....

bleiben ....

sparen ....

schenken ....

Bescheid sagen

sich erinnern (an) ....

Adjektive

virtuell ....

nützlich ....

neugierig ....

andere Wörter

außer ....

Wichtige Wendungen

über Computer sprechen

Surft ihr gern im Internet?

Der Computer spart Zeit.

erzählen, was andere gesagt haben

Ich habe ihn gefragt, ob er …

Sie wollte wissen, wie er heißt.

Alltagssprache

Ich sage Ihnen Bescheid.

Wo habe ich nur mein Handy gelassen?

Zahlen Sie bar oder mit Karte?

Ich brauche es dringend.

Mit dem Computer stimmt etwas nicht.

Das geht schon so.

Das kann ich jetzt ...

	... gut.	... mit Hilfe.	Das übe ich noch.

1 Wörter

Ich kann zu den Themen sechs Wörter nennen:

a Computer: *Monitor,*	○	○	○
b Computerarbeit: *speichern,*	○	○	○
c Im Kaufhaus: *bar zahlen,*	○	○	○

2 Sprechen

a Über Erfindungen sprechen:	○	○	○

Ein Streichholz, das nicht brennt. Findest du so etwas nützlich? Die Erfindung des Computers war ...

b Über Vor- und Nachteile des Computers diskutieren:	○	○	○

Surfst du gern im Internet? ...

c Erzählen, was andere gefragt oder gesagt haben:	○	○	○

Mona wollte wissen, ob ... Stefan hat gefragt, wann ... Er hat gesagt, dass ...

3 Lesen und Hören

Die Texte verstehe ich:

a Kopieren erlaubt (→ KB S. 106)	○	○	○
b Erfindungen (→ KB S. 109)	○	○	○
c Spart der Computer Zeit? (→ KB S. 110)	○	○	○
d Das Spiegelbild, Teil 3: Der Tratsch (→ KB S. 111)	○	○	○
e Hand in Hand mit Fledermaus und Pinguin (→ KB S. 113)	○	○	○

4 Schreiben

Einen Tagebucheintrag.	○	○	○

Lektion 24

Wo ist Atlantis? Wer oder was war El Dorado?

A Text

A2 **(1)** Was weißt du noch? Finde 13 Wörter in der Welle und ergänze den Text. → KB S. 115

stadtmauernkaufmannwissenentdeckungsuchenlieber
liesttrojasprachenverdientmenschenbeginntstudieren

Heinrich Schliemann ist 45 Jahre alt und **a** _____ von Beruf. Er **b** _____ viel Geld.

Doch er möchte **c** _____ Wissenschaftler sein. Deshalb **d** _____ er im Jahr 1866 in

Paris **e** _____ und Philosophie zu **f** _____. Er **g** _____ Homers Epen

und beschließt, die Stadt **h** _____ zu **i** _____. In der Nähe von Hisarlik entdeckt

Schliemann Trojas **j** _____ und findet auch die Schatzkammer des trojanischen Königs Priamos.

Hundertfünfzig Jahre nach der **k** _____ Schliemanns arbeiten heute noch immer Archäologen

in Hisarlik. Sie möchten **l** _____, wie die **m** _____ in der Antike gelebt haben.

B Wortschatz

Wörter durch den Kontext verstehen, Wortbildung

B1 **(2)** Lies die Sätze. Welche Wortart ist das unterstrichene Wort? Ordne zu.

> *N* Nomen *V* Verb *Adj* Adjektiv *Adv* Adverb *P* Präposition

a Homers Epen berichten von einem <u>langen</u> Krieg um die Stadt Troja. ☐

b Im Jahr 1871 findet Schliemann in der <u>Nähe</u> von Hisarlik Trojas Stadtmauern. ☐

c Hisarlik liegt <u>in</u> der Türkei. ☐

d Auch <u>heute</u> noch gibt es Ausgrabungen in Hisarlik. *Adv*

e Ob es den trojanischen Krieg wirklich <u>gegeben</u> hat, wissen die Forscher nicht genau. ☐

B3 **3** Lies den Text. Ignoriere beim Lesen die hell markierten (= unbekannten) Wörter. Beantworte dann die Fragen.

a Was ist das Thema der Fernsehdokumentation? ....

b Wer ist Ötzi? ....

c Was wissen wir über Ötzi? ....

d Welche Geschichte war für die Journalisten besonders interessant?

....

Ötzi und die Journalisten
Fernsehdokumentation, Montag 21:05 Uhr

1 Südtirol (Italien), 1994: Erika und Helmut Simon finden in einem **a** Gletscher in den Alpen den Körper eines toten Menschen.
2 Der **b** Fund ist eine Sensation: Wissenschaftler **c** stellen fest, dass die **d** Leiche aus dem Gletschereis mehr als 5.000
3 Jahre alt ist. Zeitungen und Fernsehstationen berichten monatelang von „Ötzi", dem Gletschermann. Sie finden begeisterte
4 Zuschauer und Leser für ihre Geschichten. Die Forscher, die Ötzi **e** untersuchen, können den Journalisten **f** anfangs auch
5 interessante Informationen präsentieren. So wissen wir heute, wie Ötzi gelebt hat, woher er kam und welchen Beruf er hatte.
6 Sogar die Geschichte seines Unfalltodes können die Wissenschaftler **g** detailgenau nacherzählen.

7 Doch das ist den Journalisten zu wenig. In den zehn Jahren nach dem Fund sterben sieben Menschen, die mit Ötzi **h** zu
8 tun hatten. So auch der **i** Hobby-Alpinist Helmut Simon, der im Jahr 2004 bei einem Bergunglück **j** ums Leben kommt.
9 Das sind genau die Informationen, die die Journalisten für ihre Geschichten brauchen. Eine ähnliche Sensationsgeschichte
10 **k** gab es nämlich schon 1922: Der britische Archäologe Howard Carter fand damals das **l** Grab des ägyptischen Pharaos
11 Tutanchamun. Auch danach starben Menschen, die mit dem Grab des Pharaos zu tun hatten. Einige Journalisten sind sicher:
12 So wie Tutanchamuns Geist bringt auch Ötzis Geist Unglück.

13 Die Fernsehdokumentation erzählt die interessantesten Geschichten rund um Ötzi, den Mann aus der **m** Bronzezeit, und
14 versucht, die Grenzen zwischen Wirklichkeit und journalistischer **n** Fantasie aufzuzeigen.

B3 **4** Kannst du die Bedeutung von zehn der hell markierten Wörter aus dem Kontext verstehen? Welche Wortart sind diese Wörter? Ordne die Worterklärungen in der Tabelle zu und übersetze die Ausdrücke in deine Muttersprache.

Wort	Wortart	Übersetzung	Erklärung
			ein toter Körper
			am Beginn
a	Nomen		Eis und Schnee in den Bergen, die das ganze Jahr liegen bleiben
			eine Sache, die gefunden wird
			sagen
			Präteritum von *geben*
			Platz für tote Menschen
			Ideen und Bilder, die es in der Realität nicht gibt
			sehr genau
			erforschen

B3 **(5)** **Zusammengesetzte Wörter. Finde folgende Wörter im Text in 3.**

a das Eis eines Gletschers = *Gletschereis*

b der Mann aus dem Gletscher = ...

c der Tod bei einem Unfall = ...

d ein Unglück auf einem Berg = ...

e eine Geschichte, die sensationell ist = ...

f eine Dokumentation für das Fernsehen = ...

g in dieser Zeit haben die Menschen das Metall Bronze entdeckt = ...

h jemand, der Bergsteigen zu seinem Hobby gemacht hat = ...

B3 **(6)** **Finde zu den Verben acht Nomen mit *-er*, *-in* und *-ung* und markiere sie.**

entscheiden
kopieren
verlieren
ändern
entschuldigen
wählen
beantworten

O	W	U	L	K	I	H	Z	M	P	V	E	R	L	I	E	R	E	R	L	T
W	Ä	N	D	E	R	U	N	G	Z	T	F	S	A	L	E	R	Ö	E	T	W
Q	H	G	E	N	T	S	C	H	U	L	D	I	G	U	N	G	E	R	P	I
T	L	H	W	Ä	H	L	E	R	I	N	A	K	O	P	I	E	R	E	R	A
B	E	A	N	T	W	O	R	T	U	N	G	S	A	Z	H	J	K	L	A	J
Z	R	N	K	Ä	U	I	E	N	T	S	C	H	E	I	D	U	N	G	S	E

B3 **(7)** **Sag es anders. Ergänze die Sätze mit den Nomen aus 6 in der richtigen Form.**

a 375 Millionen Menschen wählen alle fünf Jahre das EU-Parlament.

375 Millionen .... und .... gehen alle fünf Jahre zur EU-Wahl.

b Wenn du krank bist, musst du dich in der Schule entschuldigen.

Wenn du krank bist, brauchst du für die Schule eine ....

c Wir möchten die Regeln für das Spiel nicht ändern.

Wir möchten keine .... der Spielregeln.

d Wir hatten beim Fußballspiel keine Chance. Wir haben verloren.

Wir hatten keine Chance. Wir waren die ....

e Beantwortet die Fragen und schreibt dann den Text.

Schreibt den Text nach der .... der Fragen.

f Ich komme gleich. Ich muss nur noch etwas kopieren.

Ich komme gleich. Ich muss nur noch zum ....

g Bitte entscheide dich, wir warten.

Und, wie ist deine .... ? Wir warten immer noch.

C Grammatik

Infinitivsätze

C1 **8** Lies den Reisebericht. Welche Entdeckungsreise aus C1 b im Kursbuch passt zu dem Bericht? **KB S. 118**

> ... Ich habe vor, heute Abend mit der Mannschaft zu sprechen. Aber es ist schwierig, noch vernünftige und mutige Männer zu finden. Die meisten haben Angst, weiterzusegeln. Der Kapitän hat verboten, von Rückkehr zu sprechen. Aber so etwas kann man nicht verbieten. Auch der Kapitän der Pinta hat angefangen, gegen unsere Pläne zu arbeiten. Ich glaube, er hat beschlossen, nicht mehr lange mitzumachen. Jetzt spielt auch noch der Kompass verrückt. Er zeigt nicht mehr nach Norden. Der Kapitän hat Schwierigkeiten, das der Mannschaft zu erklären. Für uns Offiziere ist es jetzt notwendig, uns auf Probleme mit der Mannschaft vorzubereiten. Lange schaffen wir es nicht mehr, alle an Bord ruhig zu halten. Heute am Morgen habe ich über dem Schiff einen Vogel gesehen. Das gibt Hoffnung. Der Kapitän ist jetzt sicher, bald Land zu entdecken. Vielleicht ist es ja doch möglich, Indien auf dem Seeweg zu erreichen. ...

Entdeckungsreise:

....

C1 **9** Lies den Text in 8 noch einmal. Nach welchen Verben kommt ein Infinitiv mit *zu*?
Unterstreiche diese elf Verben. Unterstreiche auch die Infinitive mit *zu*. Ergänze dann die Tabelle.

> **Lerntipp – Grammatik und Wortschatz**
> Ein Infinitiv mit *zu* steht oft nach
> • bestimmten Verben *(versuchen, anfangen, ...)*,
> • nach bestimmten Konstruktionen mit *haben (Lust haben, ...)* und
> • nach bestimmten Konstruktionen mit *es (Es ist schön / wichtig /...).*
> Bei trennbaren Verben steht *zu* zwischen beiden Verbteilen:
> *anfangen → anzufangen.*
> Wenn nach einem Verb ein Infinitiv mit *zu* stehen kann, solltest du
> das in deinem Vokabelheft notieren.
> **Zum Beispiel:** *versuchen (zu + Inf.), anfangen (zu + Inf.) ...*

Verben + Infinitiv mit *zu*	Konstruktionen mit *haben* + Infinitiv mit *zu*	Konstruktionen mit *es* + Infinitiv mit *zu*
Ich habe vor, ... zu sprechen.	Die meisten haben Angst, weiterzusegeln.	Es ist schwierig, ... zu finden.

C1 **(10)** **Was stimmt für dich? Ordne zu und schreib vier Sätze, die zu dir passen.**

☺ Es muss toll / interessant / super / wunderbar / ... sein, ...

☹ Es ist langweilig / anstrengend / schwierig / schrecklich / ..., ...

☼ noch eine Fremdsprache lernen ☼ die ganze Nacht aufbleiben ☼ bei der Mathematik-Olympiade mitmachen ☼ ☼ auf kleine Kinder aufpassen ☼ mit einem Popstar ausgehen ☼ mit einem Politiker diskutieren ☼ ☼ als Journalist bei einer Zeitung arbeiten ☼ ☼ Polizist sein ☼ in einem Zoo mithelfen ☼ acht Stunden lang ohne Pause fernsehen ☼ in einem Chor singen ☼

....
....
....
....
....
....
....
....
....
....

C1 **(11)** **Ordne zu und ergänze *zu* an der passenden Stelle.**

		Aktion
a	Hört doch auf,	auf ihre kleine Schwester auf*zu*passen.
b	Ich habe Angst,	in der Nacht über den Friedhof gehen.
c	Amelie hat versprochen,	im Unterricht essen.
d	Ich erlaube meinem kleinen Bruder nicht,	sein Moped reparieren.
e	Meine Eltern haben vor,	für unsere Familie ein neues Haus bauen.
f	Markus hilft meinem Bruder,	auf meinem Laptop Computerspiele spielen.

C1 **(12)** **Sag es anders. Finde die richtigen Verben und schreib Sätze.**
Die unterstrichenen Satzteile sind die Infinitivkonstruktionen mit *zu*.

☼ Zeit haben ☼ versprechen ☼ Lust haben ☼ ~~vorhaben~~ ☼ helfen ☼ Angst haben ☼

a Ich <u>nehme nächsten Monat an einem Schachturnier teil</u>. Morgen gebe ich das Anmeldeformular ab.

Ich habe vor, nächsten Monat ....

b Nein, ich <u>spiele</u> nicht <u>mit</u>. Ich mag nicht.

Ich habe ....

c Morgen haben wir frei. Da kann ich endlich <u>meine CD-Sammlung ordnen</u>.

Morgen habe ich ....

d Du musst <u>das Geschirr</u> nicht alleine <u>abwaschen</u>. Ich kann auch etwas machen.

Ich .... *dir,* ....

e Morgen ist ein Mathetest. Ich bin sehr nervös, obwohl ich noch nie <u>eine schlechte Note bekommen</u> habe.

Ich habe ....

f Ich habe meiner kleinen Schwester gesagt, heute Nachmittag <u>gehe</u> ich ganz sicher mit ihr <u>ins Kino</u>.

Ich .... *meiner kleinen Schwester* .... *, mit ihr* ....

D Hören: Alltagssprache

13 Ordne die Dialogteile und Situationen zu. → KB S. 119

a ( ) Niklas: Hey, Tim! <u>Lass mal gut sein</u>, jetzt ...
Tim: <u>Misch dich nicht ein</u>, du Idiot!
Niklas: <u>Danke gleichfalls</u> ...

b ( ) Lena: Cola, bitte.
Niklas: <u>Für mich auch</u>.

c ( ) Mia: Huh! Ist das dunkel hier!
Lena: Ach komm! <u>Was hast du denn</u>? Ich find's cool!

d ( ) Tim: <u>Sag mal, spinnst du</u>?
Mia: Das kann man wieder abwischen, oder?

1. Mia, Lena und Niklas suchen den Eingang zu Tims Werkstatt.
2. Tim bietet Getränke an.
3. Mia macht Tims Roboter kaputt.
4. Niklas will Mia helfen.

14 Ergänze den Dialog mit den unterstrichenen Satzgliedern aus 13.

Mark: Ich nehme ein Käsebrötchen, und du?

Tom: Ja, gute Idee. **a** _____ eines. Wie viel kostet das?

Mark: Ist schon okay, ich lade dich ein.

Lukas: Hallo Mark. Wenn du so viel Geld hast, dann kannst du mir ja auch meine 50 Euro zurückzahlen.

Mark: Was? Welche 50 Euro?

Lukas: Ach komm, Mark. **b** _____ plötzlich? Kannst du dich nicht erinnern?

Mark: **c** _____ ? Ich hab mir von dir nie 50 Euro ausgeliehen.

Lukas: Also, wenn du mir das Geld nicht bis Montag zurückgibst, dann ...

Tom: Was soll das denn jetzt? **d** _____ , Mark.

Lukas: **e** _____ , Tom. Das ist eine Sache zwischen mir und Mark. Dir wünsche ich einen guten Tag. Und tschüs!

Tom: **f** _____ , aber ich bleibe hier. Mark ist mein Freund. ...

E Grammatik

Verben mit Dativ und Akkusativ

15 Wer leiht, schenkt, zeigt hier wem was? Schreib *Wer? Wem?* oder *Was?* in die Kästchen.

a Caro: [Wer?] Ich muss am Wochenende [Wem?] einem Verwandten [Was?] die Stadt zeigen. Wohin sollen wir gehen? Was meint ihr?

b Max: Ich muss auf meine zwei kleinen Schwestern aufpassen. ( ) Ich habe ( ) ihnen ( ) eine Gute-Nacht-Geschichte erzählt, aber sie schlafen immer noch nicht. Was soll ich jetzt tun?

c Jonas: ( ) Ich möchte ( ) meiner Cousine ( ) eine CD zum Geburtstag schenken. Sie ist elf. Was hören Elfjährige? Hat jemand eine Idee?

d Felix: ( ) Ich habe ( ) einem Jungen aus meiner Schule ( ) meinen MP3-Player geliehen und ( ) er gibt ( ) ihn ( ) mir nicht zurück. Was soll ich tun? Er ist größer und stärker als ich.

e Lara: ( ) Ich möchte ( ) meiner Tante ( ) einen Fernsehstuhl schicken. Ich will ihn mit der Post schicken. Hat jemand eine bessere Idee?

f Sarah: Kennt jemand gute Internetseiten für Chemie? ( ) Mein Freund hat ( ) mir heute ( ) das Periodensystem erklärt. Ich verstehe es aber immer noch nicht ganz.

g Ronja: ( ) Meine Schwester muss ( ) meinem Großvater ( ) Schokolade aus dem Supermarkt holen. ( ) Sie bringt ( ) sie ( ) ihm dann ins Krankenhaus. Er soll aber keine Schokolade essen. Was kann man da tun?

h Sebastian: Ich will unbedingt zu dem Konzert am Wochenende. Ich habe kein Geld und ( ) meine Eltern bezahlen ( ) mir ( ) die Einrittskarten nicht. Was kann ich tun?

E1 **(16)** **Schreib die zehn Verben mit Dativ und Akkusativ aus 15 in die Tabelle.**

Verben mit der Bedeutung *geben* bzw. *nehmen*	Verben mit der Bedeutung *sagen*
schenken,	

E1 **(17)** **Welche Situationen aus 15 sind gemeint? Ersetze die Pronomen durch Nomen.**

a Er möchte sie ihr schenken. ....

b Er gibt ihn ihm nicht zurück. ....

c Er hat sie ihnen erzählt. ....

d Sie muss sie ihm holen. ....

e Er hat es mir erklärt. ....

f Sie bezahlen sie mir nicht. ....

g Ich muss ihn ihr schicken. ....

h Er hat ihn ihm geliehen. ....

i Sie muss sie ihm zeigen. *Caro muss einem Verwandten die Stadt zeigen.*

E1 (18) **Hör zu. Welches Diagramm passt zum Dialog? Kreuze an.** ② 24

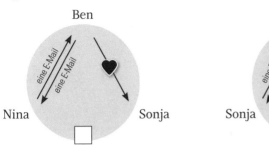

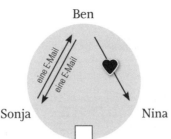

E1 (19) **Was passt? Streich die Pronomen durch und schreib die richtigen Namen.**

a Er _____ wollte ~~ihr~~ *Sonja* eine Mail schreiben, aber er hat ihr _____ eine Mail geschrieben.

b Er _____ hat ihr _____ ein Computerspiel geliehen.

c Er _____ möchte ihr _____ seine Computerspiele zeigen.

d Sie _____ hat ihm _____ eine Mail zurückgeschrieben.

e Sie _____ schreibt, er _____ muss ihr _____ seine Computerspiele nicht zeigen.

E1 (20) **Ergänze die Dialoge mit den richtigen Pronomen.**

☉ Hier ist das Buch für Markus. Bringst du *es ihm*? ◆ Klar, mache ich.

☉ Hast du Karin schon das T-Shirt zurückgegeben? ◆ Nein, aber ich bringe _____ morgen.

☉ Kannst du mir Rolfs Handynummer geben? ◆ Ja, einen Moment, ich gebe _____ sofort.

☉ Haben Margit und Tom das Mathematik-problem verstanden? ◆ Ja, er hat _____ gut erklärt.

☉ Könntest du mir deinen Kugelschreiber leihen? ◆ Ja, ich gebe _____ sofort, ich muss nur noch hier unterschreiben.

☉ Max braucht für die Pizza noch eine Dose Fisch. ◆ Gut, ich hole _____ gleich.

> **Lerntipp – Grammatik und Wortschatz**
> Bei Verben mit der Bedeutung *geben*, *nehmen* oder *sagen* stehen sehr oft ein Dativ und ein Akkusativ. Der Dativ steht dann für die Person, der Akkusativ steht für eine Sache. Achte auch auf die Reihenfolge von Dativ und Akkustiv im Satz!
> **Zum Beispiel:** Robin gibt mir das Buch . Er gibt es mir .

Aussprache

21 Hörst du *r*, *l* oder *n*? Kreuze an. 🔊 ② 25

	a	b	c	d	e	f	g	h	i	j	k	l
r	☐	☐	☐	☐	☐	☐	☐	☐	☐	☐	☐	☐
l	☐	☐	☐	☐	☐	☐	☐	☐	☐	☐	☐	☐
n	☐	☐	☐	☐	☐	☐	☐	☐	☐	☐	☐	☐

22 Hör zu und ergänze *r*, *l* oder *n*. Hör dann noch einmal und sprich nach. 🔊 ② 26

> **Lerntipp Aussprache**
> Sprich „nnnnnnn". Halte jetzt die Nase zu. Aus „nnnnnnn" wird „lllllll".
> Zu /r/ siehe auch Arbeitsbuch 1, Lektion 12 (S. 145).

Zah☐ – Zah☐   b☐aun – b☐au   ☐inks – ☐echts

☐ass – ☐assen   füh☐en – füh☐en   vo☐ – vo☐☐

Sch☐ank – sch☐ank   ☐eich – ☐eicht   ☐ücken – ☐ücken

23 Ergänze *r*, *l*, oder *n*. Hör dann zu und sprich nach.
Fünf Wörter passen nicht zu den Nomen. Streiche diese Wörter durch. 🔊 ② 27

☐etzte ☐acht   die ☐ichtige ☐ösung

ei☐ he☐☐es ☐icht   ei☐t☐au☐iges Fahr☐ad

ei☐ ~~f☐ischer~~ Fi☐m   d☐eihundertd☐eißig G☐ad im F☐üh☐ing

ei☐ ☐anges ☐eben   ei☐ schwie☐iges ☐ätse☐

ei☐e b☐aue B☐ume   ei☐e ☐eue B☐use

ei☐ ☐undes Quad☐at   ei☐ g☐ü☐ge☐bes ☐äche☐n

Finale: Fertigkeitentraining

24 Das große „Ideen"-Lesequiz

Lies die Ausschnitte aus den Lesetexten und beantworte die Fragen.

a | Du denkst, dann bleiben 45 € für die Produktion? Falsch. Die Schuhfabrik für deine Schuhe steht in Indien. Die Fabrik bekommt 12 €.

Wie viel hast du für deine Schuhe bezahlt? ....

Wie viel bekommen die Arbeiter in der Schuhfabrik? .... → L13, P1

b | Das Wetter ist schon eine Woche lang schlecht. Es ist neblig, sehr windig, es schneit und es sind minus 25 Grad Celsius. ... Die drei Bergsteiger möchten den Berg besteigen, aber zuerst muss das Wetter besser werden.
Welchen Berg möchten die Bergsteiger besteigen? ....

Was macht Frank Baumgartner gegen die Langeweile? .... → L14, A2

c | Kusuma gefällt der Brief. Auch die Handschrift gefällt ihr: große Buchstaben, eine sehr energische Handschrift. Wie dieser Radjay wohl aussieht? Ihren Eltern gefällt der Brief ganz sicher nicht.

Was für einen Brief liest Kusuma? ....

Warum gefällt der Brief ihren Eltern nicht? .... → L15, A2

d | Ein Manager aus Hamburg hört interessiert zu. Es ist eine fantastische Geschichte: die NASA-Rakete, der Flug zum Mond ... Er glaubt jedes Wort. Schließlich kauft er ein Ticket.

Warum fliegt der Manager dann doch nicht zum Mond? .... → L16, P1

e | Am Ende schaffen nur vier Jugendliche die Abschlussprüfungen am College, aber alle nehmen wichtige Erfahrungen mit. Auch wenn einige es dieses Mal noch nicht geschafft haben: Sie bekommen noch eine Chance, im nächsten Jahr.

Was für eine Ausbildung haben die Jugendlichen gemacht? .... → L17, A2

f | „Auch wenn man nichts hat, kann man lachen und glücklich sein", meint Marianne Boro und ihre Tochter Sera stellt fest: „Handy und Fernseher waren überhaupt kein Thema, aber Streichhölzer waren plötzlich total wichtig."

Wo waren Marianne und Sera Boro? .... → L18, A3

g | Doch dann kam der 18. Februar 1943. Sophie Scholl und ihr Bruder waren an der Universität und hatten Flugblätter für die Studenten dabei. Da sah sie der Hausmeister und holte die Polizei.

Was für Flugblätter haben Sophie Scholl und ihr Bruder verteilt? ....

Was passierte mit den Geschwistern Scholl? .... → L19, C2

h | In Japan sind junge Menschen erwachsen, wenn sie 20 Jahre alt sind. Dann feiern sie das Fest „Seijin no Hi" oder den „Tag der Erwachsenen".

Was machen die Mädchen an diesem Tag? .... → L20, A2

i Markus: Wenn man eine längere Rolle in einem Spielfilm sprechen muss, dann bekommt man seinen Text meist schon vorher. Aber bei kleineren Rollen musst du dich sofort in die Figur hineindenken und deinen Text sprechen.

Was ist Markus von Beruf? .... → L21, A2

j Für Howard Gardner sind Inselbegabte ein Beweis für seine Theorie: Es gibt nämlich nicht nur eine Intelligenz, sondern viele verschiedene Intelligenzen.

Was sind Inselbegabte? ....

Welche Intelligenzen gibt es? .... → L22, A2

k Leonardo da Vinci war vor fünfhundert Jahren wohl der erste Bioniker: Er wollte das Fliegen von den Vögeln lernen. Er selbst hat es nicht ganz geschafft. Doch heute fliegen wir in Flugzeugen um die Welt.

Was ist Bionik? .... → L23, A2

l In seinem Tagebuch hat er reiche, wunderbare Städte im Amazonasgebiet beschrieben. Spanische Schiffe, die einige Jahre später El Dorado besuchen wollten, konnten dort allerdings keine Städte und Straßen finden.

Wer hat die reichen Städte im Amazonasgebiet beschrieben? ....

Was finden Archäologen heute dort? .... → L24, B3

(25) Das große „Ideen"-Hörquiz

Hör die Teile aus den Hörtexten des Kursbuchs noch einmal und beantworte die Fragen. **Weißt du die Antwort nicht? Dann such sie in den D-Teilen des Kursbuchs.**

a Was für eine Hose kauft Martin? .... → L13, D1

b Welches Problem hat Margit mit Florians Angebot? .... → L14, D2

c Was antwortet Andrea? .... → L15, D1

d Warum stimmt Jans Geschichte nicht? .... → L16, D1

e Wer hat die Flaschen wirklich kaputt gemacht? .... → L17, D2

f Warum hat das Handy nicht funktioniert? .... → L18, D2

g Wer ist Ludmilla Schwarz? .... → L19, D2

h Was wetten Caroline und Sarah? .... → L20, D2

i Können Tim und Niklas ein Elektronikgeschäft finden? .... → L21, D1

j Woher weiß Tim, dass Lenas Badezimmer gestrichen wird? .... → L22, D1

k Warum möchte Mia Tim besuchen? .... → L23, D2

l Warum ist Tim böse? .... → L24, D1

26 Daniel, dein Freund aus Deutschland, will dich in deiner Heimatstadt besuchen. Was will Daniel in seiner E-Mail wissen? Unterstreiche seine Fragen.

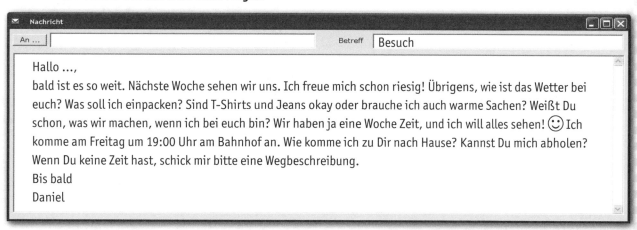

Nachricht

An ...   Betreff | Besuch

Hallo ...,

bald ist es so weit. Nächste Woche sehen wir uns. Ich freue mich schon riesig! Übrigens, wie ist das Wetter bei euch? Was soll ich einpacken? Sind T-Shirts und Jeans okay oder brauche ich auch warme Sachen? Weißt Du schon, was wir machen, wenn ich bei euch bin? Wir haben ja eine Woche Zeit, und ich will alles sehen! ☺ Ich komme am Freitag um 19:00 Uhr am Bahnhof an. Wie komme ich zu Dir nach Hause? Kannst Du mich abholen? Wenn Du keine Zeit hast, schick mir bitte eine Wegbeschreibung.

Bis bald

Daniel

27 Schreib eine E-Mail und beantworte Daniels Fragen.

Strategie – Schreiben

Nach dem Schreiben solltest du deinen Text noch einmal gut durchlesen. Denk dabei an diese Fragen:

• Habe ich zu allen Inhaltspunkten etwas geschrieben? Habe ich alle Fragen beantwortet?
• Können die Leser meinen Text verstehen? Muss ich etwas ergänzen oder klarer machen?
• Ist mein Text für meine Leser interessant? Kann ich den Text interessanter machen?
• Welche Grammatikfehler mache ich oft? Habe ich diese Fehler jetzt auch gemacht?
• Habe ich die richtigen Worte gefunden? Kann ich etwas mit anderen Worten besser sagen?

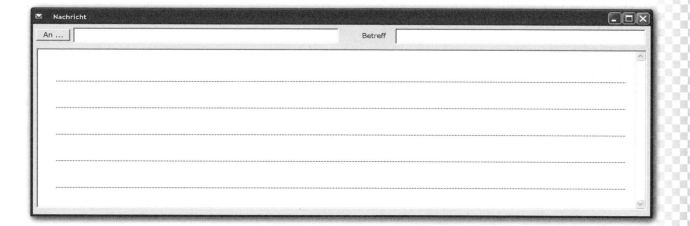

Lernwortschatz

Nomen

Weg, der, -e ....

Idiot, der, -en ....

Grippe, die (Sg.) ....

Pass, der, ¨e ....

Gast, der, ¨e ....

Titel, der, – ....

Ziel, das, -e ....

Wein, der, -e ....

Verben

stattfinden ....

versprechen ....

versuchen ....

teilnehmen ....

wegfahren ....

sich setzen ....

anbieten ....

hierbleiben ....

erreichen ....

Adjektive

klug ....

ironisch ....

sauer ....

süß ....

echt ....

sicher ....

Wichtige Wendungen

über Wünsche und Pläne sprechen

Ich habe Lust, zum Mond zu fliegen.

Ich habe beschlossen, ...

Alltagssprache

Misch dich nicht ein.

Danke gleichfalls.

Ach komm! Was hast du denn?

Sag mal, spinnst du?

Lass mal gut sein jetzt.

Das kann ich jetzt ...

| | ... gut. | ... mit Hilfe. | Das übe ich noch. |

1 Wörter

Ich kann zu den Themen sechs Wörter nennen:

a Verben mit Infinitivsatz: *versuchen,* .... ○ ○ ○

b Verben mit Dativ und Akkusativ: *schenken,* .... ○ ○ ○

2 Sprechen

a Über wirkliche und erfundene Geschichten sprechen: ○ ○ ○

Ich glaube, die Geschichte von Romeo und Julia ist wirklich passiert. Nein, das ist erfunden.

b Über Wünsche und Pläne sprechen: ○ ○ ○

Ich habe Lust, ... zu ... Ich habe vor, ... zu ...

c Aktivitäten beurteilen: ○ ○ ○

Es ist unmöglich, ... zu ... Es ist schwierig, ... zu ...

3 Lesen und Hören

Die Texte verstehe ich:

a Gab es Troja wirklich? → KB S. 115 ○ ○ ○

b Platos Atlantis → KB S. 117 ○ ○ ○

c Ein König ganz in Gold → KB S. 117 ○ ○ ○

d Das Spiegelbild, Teil 4: Die Werkstatt → KB S. 119 ○ ○ ○

e Wissenschaft oder Unterhaltung? → KB S. 121 ○ ○ ○

4 Schreiben

Einen Steckbrief über eine Forscherin / Entdeckerin oder einen Forscher / Entdecker. ○ ○ ○

Grammatik

1 Ergänze die Adjektivendungen.

⊙ Hast du den neu_____ Lehrer schon gesehen? ◆ Wir haben einen neu_____ Lehrer?

⊙ Ja, in Biologie. Er hat lang_____ blond_____ Haare und ist ziemlich groß.

◆ Lang_____ Haare? Bist du sicher, dass das der neu_____ Biologielehrer war?

⊙ Ja, er hatte nämlich ein rot_____ T-Shirt an.

◆ Ja und?

⊙ Auf dem rot_____ T-Shirt war ein blau_____ Fisch mit einer groß_____ Sprechblase: „Rettet die Wale."

① |10

2 Schreib Wünsche im Konjunktiv.

> ✪ einen anderen Film sehen ✪ mehr Zeit haben ✪ ~~im Schwimmbad sein~~ ✪
> ✪ auch einen Hund haben ✪ seinen Regenmantel haben ✪ nach Berlin fahren ✪

Anna: „Heute ist es schrecklich heiß." → *Anna wäre gern im Schwimmbad.*

Lena: „Der Hund ist so süß!" → _____

Jakob: „Oh nein, der Mathetest ist schon morgen." → _____

Jan: „Es regnet und ich muss nach Hause gehen." → _____

Bastian: „Meine Lieblingsband spielt am Wochenende in Berlin." → _____

Ina und Tom: „Der Film ist so langweilig." → _____

② |5

3 Schreib Passivsätze.

a (bauen) In der Fabrik *werden* täglich 800 Autos *gebaut.*

b (zeigen) In diesem Kino _____ jeden Monat zehn neue Filme _____.

c (machen) Käse _____ aus Milch _____.

d (operieren) Wie viele Menschen _____ täglich in diesem Krankenhaus _____?

e (spielen) Auf diesem Sportplatz _____ nächste Woche ein wichtiges Turnier _____.

f (verkaufen) Am Schulkiosk _____ jeden Tag 100 Liter Orangensaft _____.

③ |5

4 Schreib Relativsätze.

Die Familie, (sie wohnt neben uns) *die neben uns wohnt,* heißt Schmidt. Der Vater, (er fährt jeden Tag mit dem Auto zur Arbeit) _____, ist Techniker von Beruf. Die Mutter, (sie ist eine gute Freundin meiner Mutter) _____ _____, ist Musikerin. Die Kinder, (sie gehen in dieselbe Schule wie ich) _____ _____, heißen Max und Eva. Max, (er ist zwei Jahre älter als ich) _____, ist der Freund meiner Schwester. Eva, (sie ist so alt wie ich) _____, fährt gern Cartrennen.

④ |5

Punkte

⑤ Schreib Genitive.

die Erfindung (das Radio) _des Radios_

die Entdeckung (die Titanic) ....

die Lösung (die Aufgaben) ....

der Anfang (das Projekt) ....

der Bau (der Eiffelturm) ....

die Sensation (der Tag) ....

das Ende (die Expedition) ....

die Geschichte (der Fußball) ....

⑤

|7

Wortschatz

⑥ Finde die Wörter und ergänze die Sätze.

Auf einem USB-Stick kann man Dateien (epihcsren) .... Auf der (saTuattr) ....
.... schreibt man Texte. Nach dem Einschalten muss der Computer das Startprogramm
(hhrchnofae) .... Mit der (asuM) .... klickt man auf dem Monitor
Symbole an. Man kann mit dem Computer Fotos auf eine CD (rnbneen) .... Dateien
speichert man in einem (rndeOr) .... Auf dem (ooirMnt) .... zeigt
der Computer Dateien an.

⑥

|7

⑦ Positive (+) und negative (−) Kritik. Ergänze die Wörter und ordne zu.

⊗ tisch ⊗ lich ⊗ ragend ⊗ nell ⊗ ma ⊗ ach ⊗ stert ⊗ nend ⊗

a Die Handlung war origi............ . **+**

b Die Filmusik war pri............ . ☐

c Ich war begei............ . ☐

d Der Film war span............ . ☐

e Einige Szenen waren pein............ . ☐

f Der Schluss war sehr schw............ . ☐

g Die Liebesszenen waren so roman............ . ☐

h Die Landschaftsaufnahmen waren hervor............ . ☐

⑦

|8

Alltagssprache

⑧ Ergänze die Dialoge.

Ⓐ Zahlen Sie bar oder mit Kreditkarte? Ⓑ Danke gleichfalls. Ⓒ das ist nichts für mich.
Ⓓ Woher weißt du denn das? Ⓔ Ich sag dir dann Bescheid. Ⓕ Ich habe jetzt keine Lust.

a ☉ Das macht 87 €. ☐ ◆ Mit Karte.

b ☉ Du warst gestern mit Lisa im Kino. Stimmt's Tom? ◆ ☐

c ☉ Ich wünsche Ihnen noch einen schönen Tag! ◆ ☐

d ☉ Wann müssen wir uns für den Tanzkurs anmelden?

   ◆ Ich muss noch in der Tanzschule anrufen. ☐

e ☉ Wann räumst du endlich dein Zimmer auf, Markus?

   ◆ Ach lass mich doch in Ruhe. ☐

f ☉ Im Kino läuft ein Horrorfilm. Kommst du mit?

   ◆ Nein, ☐

⑧

|6

Grammatik	Wortschatz	Phrasen	Wie gut bist du schon?
29-32	15	6	☺
17-28	9-14	4-5	☻
0-16	0-8	0-3	☹

Gesamt

|53

Lösungsschlüssel zu den Modul-Tests

Test: Modul 4
Grammatik

1 b älter c teurer d kälter e besser

2 b Könntest / Würdest ... anrufen c Könntet / Würdet ... mitbringen
d Könntest / Würdest ... essen e Könnten / Würden ... einsteigen

3 b habe vergessen c hast eingeladen d bist ausgestiegen e habe probiert
f hat begonnen

4 b die c der d den e einem f ihre

5 b am liebsten c größte d älteste e am schwierigsten

Wortschatz

6 a Bluse b Kleid, Rock c Stiefel, Schuhe d Socken, Handschuhe e Mantel, Jacke

7 a Regen, regnet b Sonne, sonnig, Wolken c Nebel, Wind, neblig, windig
d Schnee, schneit

8 a hübsch b intelligent c stark d schlank e vorsichtig f dunkelhaarig

9 Tonne, Kilo, Liter, Zentimeter, Minute

Alltagssprache

10 b D c C d B e E

Test: Modul 5
Grammatik

1 die der ins dem dem dem

2 b mussten c durfte d wollte e sollte f mochte

3 b dass die Schulmannschaft ... gewinnt. c dass Realityshows im Fernsehen
oft sehr viele Zuschauer haben. d dass man mit 18 Jahren keine Comics mehr
lesen sollte. e dass der Osterhase die Ostereier im Garten versteckt.

4 b obwohl c weil d Trotzdem e wenn f Deshalb

5 b eines, seines c welche, ihre d deine

Wortschatz

6 Messer, Gabel, Löffel, Glas, Besteck, Salzstreuer, Pfefferstreuer, Serviette

7 Mathias: Hauptschulabschluss, Lehre, Fotograf Alex: Abitur, Universität, Architekt

Alltagsprache

8 a C b A c D d E e B

Test: Modul 6
Grammatik

1 neuen, neuen, lange, blonde, Lange, neue, rotes, roten, blauer, großen

2 Lena hätte gern einen Hund. Jakob hätte gern mehr Zeit. Jan hätte gern seinen
Regenmantel. Bastian würde gern nach Berlin fahren. Ina und Tom würden gern
einen anderen Film sehen.

3 b werden gezeigt c wird gemacht d werden operiert e wird gespielt
f werden verkauft

4 der jeden Tag mit dem Auto zur Arbeit fährt die eine gute Freundin meiner
Mutter ist die in dieselbe Schule gehen wie ich der zwei Jahre älter ist als ich
die so alt ist wie ich

5 der Titanic der Aufgaben des Projekts des Eiffelturms des Tages
der Expedition des Fußballs

Wortschatz

6 speichern Tastatur hochfahren Maus brennen Ordner Monitor

7 a originell (+) b prima (+) c begeistert (+) d spannend (+) e peinlich (-)
f schwach (-) g romantisch (+) h hervorragend (+)

Alltagssprache

8 a A b D c B d E e F f C

Quellenverzeichnis

Seite 9: *Schuluniform* © Hueber Verlag/Kiermeir

Seite 18: *alle Fotos* © PantherMedia

Seite 32: *Matt Harding* © picture-alliance/Marylin Terrell

Seite 33: *alle Piktogramme* © fotolia

Seite 36: *indisches Mädchen* © Hueber Verlag/Kiermeir

Seite 50: *Tran Van Hay* © picture-alliance/THANH NIEN NEWSPAPER

Seite 66: *Jamie Oliver* © action press/SUNSHINE

Seite 73: *Verkehrszeichen* © Thinkstock/iStock/leremy

Seite 75: *alle Fotos* © PantherMedia

Seite 80: *Familie Boro* © Laif/Theodor Barth; *Schwarzwaldhaus* © Laif/Emmler

Seite 90: *Segelschiff* © Thinkstock/Hemera/Anton Balazh

Seite 92: *Porträtfoto* © PantherMedia

Seite 94: *Hermann Maier* © picture-alliance/dpa/dpaweb

Seite 106: *Japanerinnen* © Thinkstock/Getty Images News/Koichi Kamoshida;
Ureinwohner © Laif/Gamma

Seite 107: *alle Piktogramme* © fotolia/zmajdoo

Seite 115: *Piktogramm* © iStock/Aaltazar

Seite 116: *oben und unten* © fotolia/reeel; *Mitte* © fotolia/markus_marb

Seite 117: *links* © fotolia/Pixel; *rechts* © fotolia/PictureP.

Seite 122: *Synchronsprecher* © imago/HRSchulz

Seite 132: *Tanja de Wendt* © imago/teutopress

Seite 136: *Matt Savage* © action press/ZUMA PRESS INC

Seite 148: *Lotusblüte* © Thinkstock/iStock/cao yu

Seite 153: *Pictogramme a–c, g, h* © fotolia/Stefan Habersack

Seite 162: *Troja* © imago/imagebroker

www.cartomedia-karlsruhe.de: Karten Seiten 22, 33

Alexander Keller, München: Titelfoto, Seiten 14, 41 (alle Fotos), 53 (alle Fotos),
72, 86, 99, 113, 128, 141, 154, 167